관상 수상 봅니다

귀 잘생긴 거지는 있어도 코 잘생긴 거지 없고

막 쥔 손금 가진 자 중 돈 없는 사람 없다.

관상 수상 봅니다

– 얼굴은 현재를 알 수 있고, 손금은 미래를 예견한다.

초판발행 2021년 08월 01일
초판인쇄 2021년 08월 01일

共 著 이성천
지 평
펴낸이 김민철

펴낸곳 도서출판 문원북
주 소 서울시 마포구 토정로 222 한국출판콘텐츠센터 422
전 화 02-2634-9846 / 팩 스 02-2365-9846
메 일 wellpine@hanmail.net
카 페 cafe.daum.net/samjai
블로그 blog.naver.com/gold7265

ISBN 978-89-7461-485-0
규 격 152mmx225mm
책 값 17,000원

관상 수상 봅니다

귀 잘 생긴 거지는 있어도 코 잘 생긴 거지 없고

막 쥔 손금 가진 자 중 돈 없는 사람 없다.

문원북 BOOK

머리말

인생을 살다 보면 좋은 일도 있고, 나쁜 일도 있다. 어찌 매일 기쁜 일만 있겠는가? 아침밥 잘 먹고 기분 좋게 출근했는데 진상 고객을 만나하루 종일 시달릴 때, 선배의 조언이 잠시는 위로가 될지언정 피하고 싶은 사람은 정말 피하고 싶다. 그러나 이미 그 사람의 얼굴, 걸음걸이, 옷차림, 말투를 보고, 듣고 성향을 대충 파악한다. 이쯤이면 관상을 배우지 않았지만 반은 관상가다.

그럼 좀 더 제대로 관상을 공부해 직장 생활하는데 도움이 되면 어떨까? 생각해 볼만하다. 관상 공부는 사주 명리처럼 외울 것도 많고 복잡하지 않다. 제대로 된 관상 책 한 권만 이면 독학이 가능하다. 그리고주변 인물과 응대할 고객을 상대로 임상실험한 뒤 데이터를 축척하면된다.

일본의 에도시대 "미즈노남부쿠"라는 대 관상가는 18세부터 감옥을들락거리다. 관상이 인 생을 바꿀 수 있다는 큰 깨달음을 얻고 이발소에일하며 사람의 두상과 면상을 연구했고, 화장터에서 일하며 뼈와 골격을 공부하여 3000명이라는 제자를 둔 대 관상가가 되었다.

여러분이 이렇게까지 하라는 이야기는 아니다.

손금도 마찬가지다. 모임이나 커피타임에 대화를 리드하고 인간관계를 개선하고 싶다면 손금만큼 좋은 소재도 없다. 짧은 휴식시간, 모임 때 승부수를 띄울 수 있다. 단 한 번에 그 사람 나이 때 궁금해하는 연애, 결혼, 건강, 재운 등을 가벼운 손 터치를 통해 하며 빠른 시간내 교감을 할 수 있다. 남녀관계도 마찬가지다. 어설픈 말기술보다 제대로 된 손금책 한 권으로 기초지식만 공부한다면, 당신이 호감을 가지고 접근하는 것을 알면서도 속아줄 수 있다.

우리가 인생의 망망대해를 항해할 때 좌표를 잃지 않고 목적지까지 가기 위해서는 수많은 고난과 역경을 이겨내야 하는데, 그 고비를 이겨낼 필요한 방법과 기술이 필요하다.

이 순간 인연을 맺는 독자님께 "관상, 수상 봅니다"가 인생의 훌륭한 조타가 되길 바란다.

辛丑年 乙未月 地平 합장

목차

제 2장 | 손금

觀相 手相 봅니다

제 1 장

관상

관상이란
얼굴의 주요 명칭과 위치
이목구비로 본 얼굴의 길흉

귀耳 눈目 눈썹眉 입口

코鼻 관골頰 이마額 흑지黑痣

1. 관상이란

　당신 "관상" 참 좋다고 말할 때, 보통 얼굴의 생김새를 보고 평가한 이야기이다. 그러나 관상의 잘못된 선입견에서 나온 말이다. 관상이란 얼굴의 골격, 색택(色澤) 및 주요 부위를 중요하게 여겨지지만, 이것만을 대상으로 하지 않는다. 이 밖에 주름살, 사마귀, 점, 모발 및 상처의 흔적, 손발의 형상, 신체 거동의 특징과 음성, 등도 함께 따진다. 그래서 신체의 상은 얼굴, 뼈, 손, 눈썹, 코, 입, 귀, 발의 생김새에 따라 면상(面相) 골상(骨相) 수상(手相) 미상(眉相) 비상(鼻相) 구상(口相) 이상(耳相) 흉상(胸相) 족상(足相)으로 나누어진다. 동작에 있어서도 말씨, 걸음걸이, 앉은 모양, 누운 모양, 먹는 모양 등을 관찰하고, 기색(氣色), 심상(心相)까지 세심히 파악하여, 사주와 함께 그 사람의 특징을 종합적으로 판단하여 운명을 예언하였다.

　역사적으로 관상학은 동양에서 시작된 것으로 생각하지만, 서양에서는 기원전 2000년경 메소포타미아 문명에서 그 기록을 찾아볼 수 있는데, 유적에서 발굴된 서판(書板)에는 '어깨에 곱슬곱슬한 털이 난 남자에게는 여자들이 따를 것이다'라고 평가한 이야기가 남아있다.

　동양의 관상의 기원을 살펴보면, 고대 중국의 다섯 왕이 인재를 등용할 때 요(堯)임금은 용모로써 사람을 등용하였으며, 순임금은 얼굴의 색을 보고 인재를 발탁하였고, 우임금은 말하는 것으로, 탕임금은 목소리로써, 문왕은 도량으로써 사람을 취하였다. 그리고 노나라의 숙복(叔服)이 재상 공손교 (公孫敎)의 두 아들의 상을 보았다고 하며, 그것이 관상법의 기원으로 여겨진다.

그 후 남북조시대에 달마(達磨)가 달마상법達磨相法을 써서 후세에 전하였고. 송나라 초 화산 (華山)의 마의선사(麻衣仙士)가 구전이나 비전(祕傳)으로 내려오던 여러 계통의 상법을 종합하여 마의상법(麻衣相法)을, 명(明)나라 시기에는 관상학도 큰 발전을 이루게 되는데, 원충철(袁忠徹)에 의해 쓰여진 유장상법(柳莊相法)이 있다.

과학문명이 발단한 최첨단의 시대를 살고 있는 우리는 한 치의 오차도 허락하지 않는 직장 생활에서 1%의 경쟁력을 가질 수만 있다면 무슨 짓이라고 할 것이다.

그중 하나가 외모에 대한 경쟁력이다. 얼굴을 성형할 때 재복이 많은 OO회장님의 코를 닮게 주문하거나, 성공한 정치인 이마에 새겨진 천, 지, 인 3가닥 주름을, 대기업 총수 사모님이 된 OO연예인의 이마를 주문하는 것이, 성형업계에서는 당연하다고 받아 들려지고 있다.

요즘 남자 직장인들에게 유행하는 눈썹 문신 또한 오랫동안 직장 생활을 하고 싶은 마음에 눈썹을 눈보다 길게 하여 관운을 좋게 하려고 한다.

이와 같이 관상은 오랫동안 임상실험을 거쳐 내려오면서 구체화되어 엔터테인먼트 사업에 적극 사용되고 있다. 2020년 아카데미 시상식에서 4관상을 석권한 봉준호 감독은 어디가 잘났을까? 예능을 관장하는 간문(의미)와 재복을 관장하는 코다. 노복궁이 발달돼 무리의 리더로 손색없다.

2. 얼굴의 주요 명칭과 위치

1) 삼정, 육부의 위치와 의미

얼굴 상(相)을 볼 때 크게 삼분하여 상부, 중부, 하부로 나누는 것을 **삼정(三停)**이라고 한다.

상정은 발제(髮際)에서 인당(印堂)까지로 초년운(15세-30세)을 지배하고, **중정**은 산근(山根)에서 준두(準頭)까지로 중년운(35세-50세)을 지배하고, **하정**은 인중(人中)에서 지각(地閣)까지로 말년운(51세-75세)을 지배한다. 14세 이전은 귀가 운을 지배한다.

상정이 넓고 둥글면 귀하고, 넓고 높이 솟았으면 소년기에 이름을 떨친다. 상정은 손윗사람과의 관계, 미래를 암시한다.

중정이 바르고 두터우면 부와 장수를 누린다. 코가 풍후하고 현담(懸膽)처럼 생겼으면 중년에 부를 이루고, 현재 자신의 처지를 나타낸다.

하정이 풍부하여 앞으로 이곳에서 상정과 조공(朝貢)하면 말년에 부귀를 누린다. 또한 하정은 가정생활을 암시한다.

육부(六府)란 좌우 보골(輔骨), 좌우 관골(顴骨), 좌우 이골(頤骨)을 말한다. 육부(六腑)가 풍만하면 좋고, 내려앉고, 골이 불거지면 좋지 않다.

상부는 보골(輔骨)에서 천창(天倉)까지를 가리키며,

중부는 관골(顴骨)에서 명문(命門)까지이고,

하부는 이골(頤骨)에서 지각(地閣)까지다.

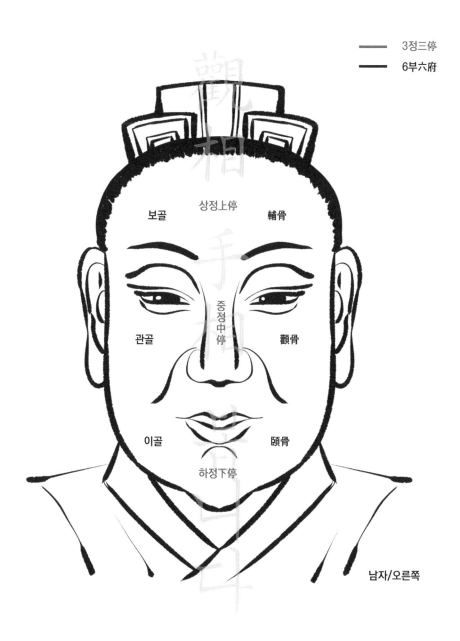

남자/오른쪽

2) 13개 부위의 위치와 의미

얼굴의 **삼정(三停)**을 더욱 자세하게 나눈 것이 13부위다.

이 13부위는 생활에서 항상 주의해야 하며, 건강과 운명에 변화가 있으면 이 13부위 가운데 어딘 가에 중요한 징후가 나타난다. 이 부위에 상처가 있거나 검은 점이 나 있거나, 기색이 좋지 않으면 흉하며, 반대로 윤기가 나거나 기색이 좋으면 전체적으로 좋은 운이다.

상정에 무엇인가가 나타날 때는 손윗사람에 관한 일이 발생한다.

중정에 나타날 때는 본인의 건강이나 가정에 문제가 생길 가능성이 높다.

하정은 자식이나 직장의 부하직원, 직업이나 토지, 주택에 관한 것이다.

① **천중天中:** 얼굴 중앙의 가장 위쪽에 위치하고 신불(神佛), 조상, 관공서 등을 의미한다.

② **천정天庭:** 하늘의 정원으로, 관청, 윗사람에 관한 일을 의미한다.

③ **사공司空:** 사공 역시 관청 및 윗사람 일에 관한 것을 나타낸다.

④ **중정中正:** 윗사람과의 일, 코는 자신, 이마는 윗사람에 해당한다.

⑤ **인당印堂:** 자신의 마음 상태, 재난 등 일신의 길흉을 의미한다.

⑥ **산근山根:** 질병이나 재난, 가정의 길흉이 나타난다.

⑦ **연상年上:** 가정과 건강의 이상 유무를 나타낸다.

⑧ **수상壽上:** 건강과 재물에 관한 일을 나타낸다.

⑨ **준두準頭:** 재물에 관한 모든 것을 나타낸다.

⑩ **인중人中:** 자녀, 아랫사람 관한 일을 나타낸다.

⑪ **수성水星:** 이웃과의 관계, 창고, 문의 위치의 길흉이 나타난다.

⑫ **승장承漿:** 조상묘, 조부모집, 손자 손녀 집, 도로의 길흉을 나타낸다.

⑬ **지각地閣:** 토지와 건물, 주거에 관한 일을 나타낸다.

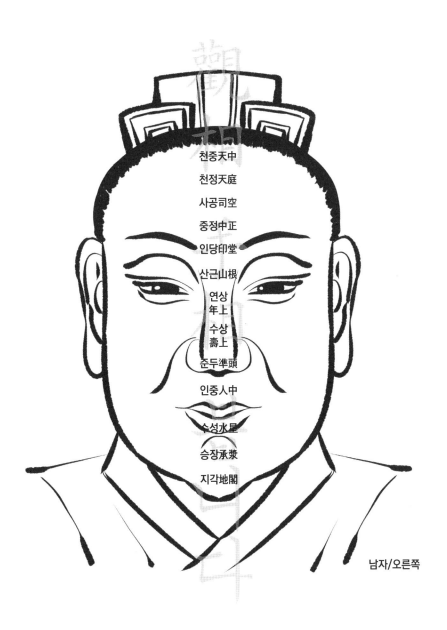

천중天中

천정天庭

사공司空

중정中正

인당印堂

산근山根

연상
年上

수상
壽上

준두準頭

인중人中

수성水星

승장承漿

지각地閣

남자/오른쪽

3) 오악 사독의 위치와 의미

오악과 사독이란. 얼굴 부위를 산과 강에 비유해 살피는 방법이다. 산에 해당하는 부분은 이마, 코, 좌우 광대뼈, 턱으로 양(陽)의 에너지와 관련되어 있으며, 성격이나 재력, 권력 등이 나타난다. 강에 해당하는 부분은 두 귀와 두 눈, 콧구멍, 입으로 음(陰)의 에너지와 관련되어 있으며, 정서나 감정 등을 나타낸다.

오악은 골육(骨肉)이 풍만하면 부귀하고, 오악에 흉터나 사마귀가 있으면 좋지 않다. 남자는 왼쪽이 동쪽, 오른쪽이 서쪽, 이마가 남쪽, 턱이 북쪽이 되고, 여자는 남북은 남자와 같으나, 오른쪽이 동쪽, 왼쪽이 서쪽이 된다.

왼쪽 광대뼈를 **동악** 태산(東岳泰山)이라 하고, 오른쪽 광대뼈를 **서악** 화산(西岳華山)이라 하며, 코를 **중악** 숭산(中岳崇山)이라 하고, 턱을 **북악** 항산(北岳恒山)이라 하며, 이마를 **남악** 형산(南岳衡山)이라 한다. 사독(四瀆)이란 얼굴의 깊은 네 부분을 부르는 명칭이다.

① **동악, 서악**(양쪽 광대뼈)이 발달한 사람은 의지가 강해 노력으로 성공하는 경우가 많다.
② **북악**(턱)이 발달한 사람은 체력이 뛰어나며, 노년에 좋은 사람이 많다.
③ **중악**(코)이 반듯하고 살 접이 있는 사람은 중년이 좋고 재복도 좋다.
④ **남악**(이마)가 발달한 사람은 사물을 이성적으로 파악하고 수학적인 면이 뛰어나다. 사람들에게 존경받아 덕망이 두터운 사람이 많다.

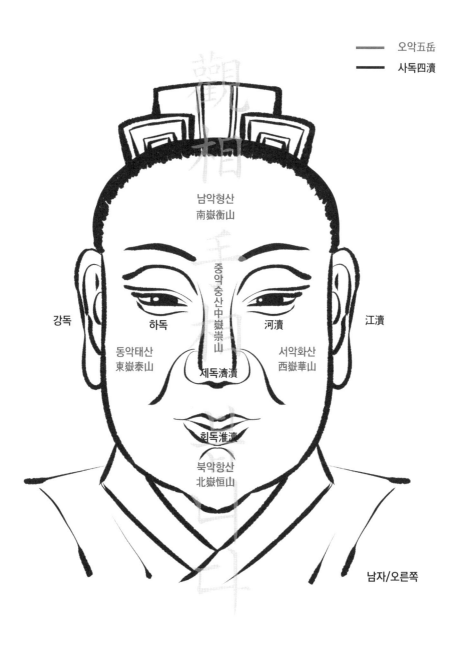

오악五岳
사독四瀆

남악형산
南嶽衡山

중악숭산中嶽崇山

하독　　河瀆

강독　　　　　　　　　　　　　　　　　　　　　　江瀆

동악태산　　　　　　서악화산
東嶽泰山　　　　　　西嶽華山

제독濟瀆

회독淮瀆

북악항산
北嶽恒山

남자/오른쪽

⑤ 눈을 **하독**(河瀆)이라 한다. 눈은 맑고 흑백이 분명하고 광채가 있어야 한다. 눈이 발달한 사람은 자기주장을 가진 밝은 성격의 소유자가 많다.

⑥ 콧구멍을 **제독**(濟瀆)이라 한다. 콧구멍은 크되 훤히 보이지 않아야 좋다. 그리고 코가 발달한 사람은 활동적이고 정력적인 사람이 많다.

⑦ 입을 **회독**(淮瀆)이라 한다. 입은 굳게 다물고 힘차며 살이 두터워야 좋다. 입이 발달한 사람은 견실하고 현실적인 사람이 많다.

⑧ 귓구멍을 **강독**(江瀆)이라 한다. 귓구멍은 드러나지 않아야 좋다(또는 드러나지 않게 해야 좋다). 귀(또는 귓구멍)가 발달한 사람은 장수하는 사람이 많다.

4) 12궁의 위치와 의미

　사람의 얼굴 전체를 집으로 가정하고 12가지로 구분하고 얼굴의 구성하는 각 부분의 크기, 모양, 위치, 색 등을 참고하여 운명을 예견하는 것이다. 얼굴의 상은 항상 고정된 것이 아니라 나이를 먹으면서 살이 찌거나 빠지면서 혹은 사고에 의해 형태가 변한다. 그리고 돌발적인 상황에 처했을 때 얼굴의 색이 변하는데, 안색이 좋지 않다고 한다. 이 모든 것이 얼굴의 상을 보고 과거, 현재, 미래를 예견하는 부분으로 작용한다.

① **명궁命宮:** 눈썹 사이 미간을 말하며, 타고난 성격, 학식 운명의 강약, 후박을 알 수 있다

② **재백궁財帛宮:** 코를 말하며, 인생에서 40대 중년으로 보기 좋은 코가 재운이 좋다.

③ **관록궁官祿宮:** 이마 전체를 말하며, 남자에게는 사회적 지위를 말한다.

④ **복덕궁福德宮:** 이마의 양각을 말하고 부모, 자식, 건강, 수명, 재산 오복을 말한다.

⑤ **부모궁父母宮:** 눈 위 손가락 한 마디 위, 남자 오른쪽 어머니, 왼쪽 아버지 운을 본다

⑥ **형제궁兄弟宮:** 눈썹을 말하는데, 초승달처럼 눈을 잘 덮고 있으면 형제가 우애가 좋다.

⑦ **처첩궁妻妾宮:** 눈 옆 꼬리 부분 주위를 말하며, 부부관계의 좋고 나쁨을 살피는 자리다.

⑧ **남녀궁男女宮:** 눈 아래를 둘러싸고 있는 부분을 말하며, 남, 여의 정력을 살피는 곳이다.

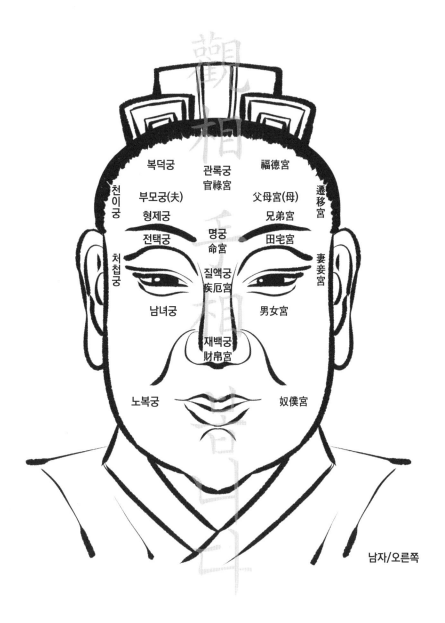

복덕궁 　 관록궁
官祿宮 　 福德宮

천이궁 　 부모궁(夫) 　 父母宮(母) 　 遷移宮

형제궁 　 兄弟宮

전택궁 　 명궁
命宮 　 田宅宮

처첩궁 　 질액궁
疾厄宮 　 妻妾宮

남녀궁 　 男女宮

재백궁
財帛宮

노복궁 　 奴僕宮

남자/오른쪽

⑨ **노복궁奴僕宮:** 턱 양쪽 끝부분을 말하는데 직장에서 부하직원을 말한다.

⑩ **질액궁疾厄宮:** 코가 시작하는 부분 '산근' 코 뿌리를 말한다. 질병을 관장하는 자리다.

⑪ **천이궁遷移宮:** 눈썹 끝에서 이마 끝부분 까지를 말하며, 이사, 직장이동 등 역마를 말한다.

⑫ **전택궁田宅宮:** 눈과 눈썹 싸이 공간을 말하며 주택을 관장하는 곳이다.

5) 12학당十二學堂

사람의 얼굴을 학식, 인격, 사회적 신분에 비유한 것인데 이, 목, 구, 비 포함 12가지 구분하여 각 부위가 함축하고 있는 의미를 학당으로 비유한 것이다. 얼굴의 눈, 이마, 입, 귀 앞부분 4곳을 사학당四學堂이라 하고, 머리, 액각額閣, 인당, 눈빛, 귀, 치아, 혀, 눈썹 8곳을 팔학당八學堂이라 하며, 합쳐서 십이학당十二學堂이라고 한다.

① **관학당官學堂:** 눈을 말하며, 길고 맑은 것이 좋고 사회적 신분을 말한다.

② **녹학당錄學堂:** 이마를 말하고 넓고 길어야 하며 관직과 수명을 관장한다.

③ **내학당內學堂:** 입 말하며 치아를 지키는 문으로 입 모양이 바르면 신의가 있다.

④ **외학당外學堂:** 귀 앞부분과 말하며 맑고 깨끗해야 하고, 어두우면 어리석다.

⑤ **고명학당高明學堂:** 머리를 말하며 둥글고 솟아 있으며 귀하고, 비뚤어지면 천한상이다.

⑥ **광대학당廣大學堂:** 인당을 말하며, 맑고 깨끗해야 학업을 성취할 수 있다.

⑦ **고광학당高曠學堂:** 액각額閣, 머리 양쪽 끝 부분으로 맑고 깨끗해야 이동 수가 좋다.

⑧ **명수학당明秀學堂:** 눈빛, 색을 말하며, 눈은 빛나고, 흑색이 많아야 좋다.

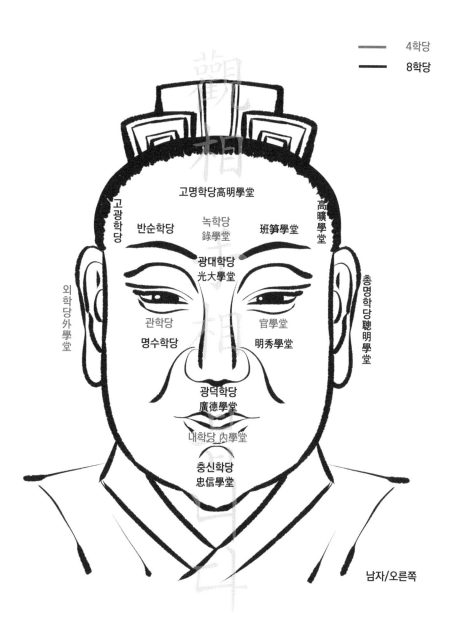

4학당
8학당

고명학당高明學堂

고광학당

반순학당

녹학당
錄學堂

班笋學堂

高曠學堂

외학당外學堂

광대학당
光大學堂

관학당

官學堂

총명학당聰明學堂

명수학당

明秀學堂

광덕학당
廣德學堂

내학당 內學堂

충신학당
忠信學堂

남자/오른쪽

⑨ **총명학당聰明學堂:** 귀를 말하며, 윤곽이 뚜렷하고, 홍색, 백색, 황색 중 선명하면 좋다.

⑩ **충신학당忠信學堂:** 내학당과 같으며 입을 말한다.

⑪ **광덕학당廣德學堂:** 혀를 말하며 길이가 코 끝에 닿고 붉으면 좋다

⑫ **반순학당班笋學堂:** 가로무늬가 이루어지고 양쪽 눈썹이 모양 길이가 같으면 좋다

얼굴로 상을 100점으로 본다면, 이마는 30점을 차지하고, 눈은 50점이고, 코가 10점이며, 귀와, 입이 각각 5점이다.

6) 1세에서 99세까지 운세 위치와 의미

　나이별로 오는 운세의 흐름은 남자는 왼쪽, 여자는 왼쪽을 기준으로 하고 만약 수명이 100세를 넘기면 하늘의 뜻을 따라가고, 1세부터 다시 운세가 시작한다.

　얼굴에 주름이나 사마귀 같은 흠이 많으면 인생이 순탄치 못하므로, 베풀고 살아야 장수할 수 있다. 신체의 건강은 스스로 만드는 것, 혹 운이 좋은 때가 되면 해당하는 얼굴 부위의 기색이 빛난다. 오악과 사독이 서로 높고 낮음이 조화를 이루면 세상에 이름을 떨치고 모든 일이 잘 된다.

1~2세는 천륜(天倫)으로 초년 운이며,
3~4세는 두루 흘러 천성(天城)에 이른다.
5~7세는 천곽(天廓)에 드리운 주렴을 보고
8~9세는 천륜(天輪) 윗부분을 본다.

10~11세는 이륜이 없고, 이곽이 뒤집혀 있는 사람은 형(刑)을 입게 된다.
12~14세는 지륜(地輪)으로 수명과 건강, 평안함을 살핀다.
15세는 화성(火星)을 보며 이마를 이루고
16세는 천중(天中)으로 골상을 이룬다.
17~18세는 일월각(日月角)이며
19세가 되면 운이 천정(天庭)에 응한다.

20~21세는 보각(輔角)을 보며
22세는 벼슬을 맡을 수 있는지를 운을 본다.

23~24세는 변성(邊城)의 땅이고,

25세는 중정(中正)과 만난다.

26세는 구릉(丘陵)이 주관하고,

27세는 총묘(塚墓)를 본다.

28세는 인당(印堂)의 평평함은 만남을 본다.

29~30세는 산림(山林)의 부위다.

31세는 능운(凌雲)의 길이며,

32세는 자기(紫器)가 일어난다.

33세는 번하(繁霞)의 위를 가며,

34세는 채하(彩霞)의 밝음에 나타난다.

35세는 태양(太陽)에 있고,

36세는 태음(太陰)에서 모인다.

37세는 중양(中陽)의 정위이고,

38세는 중음(中陰)으로 형을 주관한다.

39세는 소양(少陽)의 해이며,

40세는 소음(少陰)으로 마땅히 참을 본다.

41세는 산근(山根)의 길이 멀고,

42세는 정사(情舍)의 궁을 이룬다.

43세는 광전(光殿)에 오르고,

44세는 연상(年上)에 더한다.

45세는 수상(壽上)을 만나고,

46~47세는 두 관골(顴骨)의 궁이다.

48세에 준두(準頭)가 기쁘게 있으며,
49세에는 난대(蘭台)로 들어간다.

50세는 정위(廷尉)와 서로 만나고,
51세에는 인중(人中)이 사람을 두렵게 한다.
52~53세는 선고(仙庫)에 있으며,
54세에는 식창(食倉)이 가득하다.
55세는 녹창(綠倉)의 쌀을 청해 얻고,
56~57세는 법령(法令)이 밝힌다.
58~59세는 호이(虎耳)에서 만나고,

60세에는 수성(水星)을 만난다.
61세는 승장(承漿)에 있고,
62~63세는 지고(地庫)에서 만난다.
64세는 파지(波池) 안에 있고,
65세는 아압(鵝鴨)이 우는 곳에 있다.
66~67세는 금루(金縷)를 꿰뚫고,
68~69세는 귀래(歸來)와 응한다.

70세에는 송당(頌堂)을 만나고,
71세에는 지각(地閣)을 보탠다.
72~72세에는 노복(奴僕)이 많고,
74~75세에는 시골(腮骨)이 같다.
76~77세에는 자(子)의 위치에 있고,

78~79세에는 축(丑)으로 소가 밭을 가는 것과 같다.

80~81세에는 호랑이가 인(寅) 궁을 다스려 영에 치우친다.

82~83세는 묘(卯)로 토궁이다.

84~85세는 진(辰)으로 용처럼 나아가며,

86~87세는 사(巳)로 사궁에 든다.

88~89세는 오(午)로 말처럼 가볍고,

90~91세는 미(未)로 양처럼 환하다.

92~93세는 신(申)으로 원숭이가 열매를 맺고,

94~95세는 유(酉)로 닭소리를 듣는다.

96~97세는 술(戌)로 개가 달을 보고 짖으며,

98~99세는 해(亥)로 돼지가 삼킨다.

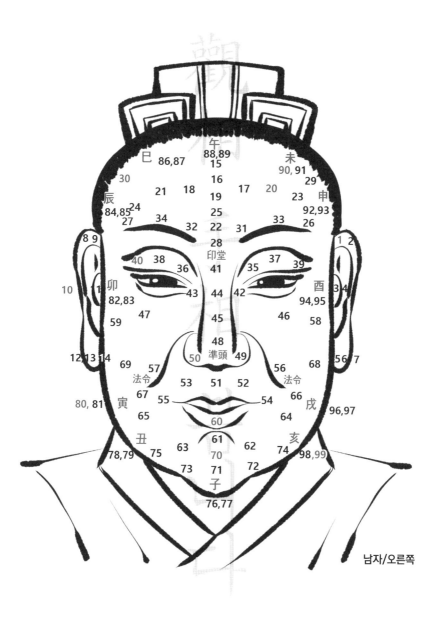

남자/오른쪽

7) 남자 얼굴에 난 점의 위치와 길흉

관상에서는 점을 여러 가지로 구분하는데, **지(痣)**란 살보다 약간 높이 솟은 것으로서 사마귀를 말한다. **흔(痕)**이란 살보다 낮고 파인 것으로 흠이나 곰보를 말하고, **점(点)**이란 살 속에 묻혀 평평한 것으로서 점이나 주근깨라고 하며, **반(斑)**이란 살 위로 약간 솟아 있거나 평평한 것으로서 검버섯이나 저승꽃이라고 한다.

점은 여러 가지 색으로 나타나는데, 흑색은 사망과 사고, 형벌과 상병을 나타낸다. 백색은 슬픈 일과 놀라는 일 및 상복을 입는 일을 나타내며, 황색은 실물과 도난을 나타내고, 청색은 근심과 걱정을, 그리고 적색은 관재구설과 송사 및 화재를 나타낸다. 점은 보이는 점과 숨은 점으로 구분되는데, 얼굴에 생긴 것은 보이는 점이고, 몸에 난 것은 숨은 점이다. 점 위에 털이 나면 좋은 점으로 교양이 있고, 가슴에 점이 나면 지혜로우며, 배에 점이 나면 공직에 등용되어 나라 밥을 먹는다.

46개 남자 점 명칭과 의미

1.길(吉) 2.성폭(性暴) 3.방부(妨父) 4.호관(好官) 5.공사(公事) 6.대부(大富) 7.대길(大吉) 8.객사(客死) 9.거부(巨富) 10.불의입산(不宜入山) 11.수요 (壽夭) 12.대부(大富) 13.관귀(官貴) 14.산재(散財) 15.대관(大官) 16.흉(凶) 17.의관(宜官) 18.부(富) 19.흉(凶) 20.액(厄) 21.흉(凶) 22.관(官) 23.흉(凶) 24.패(敗) 25.흉(凶) 26.흉(凶) 27.방남(妨男) 28.방부(妨父) 29.방처(妨妻) 30.방녀(妨女) 31.소녀(少女) 32.방자(放子) 33.길(吉) 34.파(破) 35.빈(貧) 36.극처(克妻) 37.액(厄) 38.식록(食祿) 39.주주(主酒) 40.소전택(少田宅) 41.아사(餓死) 42.방노비(妨奴婢) 43.구설(口舌) 44.득외재(得外財) 45.귀(貴) 46.길(吉)

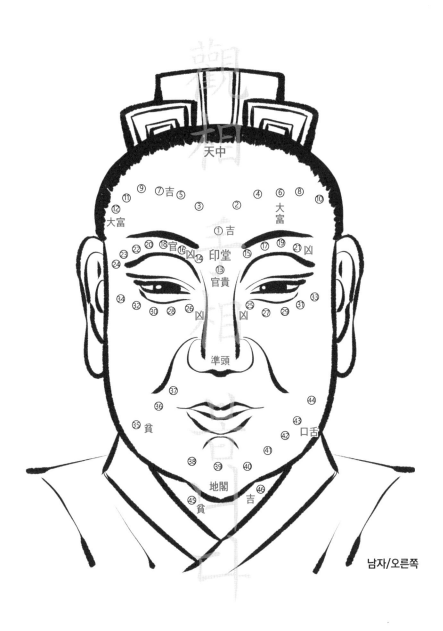

8) 여자 얼굴에 난 점의 위치와 길흉

여자의 점과 남자의 점은 같은 부위에 난 점이라도 그 길흉화복이 여자와 남자는 서로 다르게 나타난다. 같은 명궁 주위에 난점도 남자는 좋게 해석하나, 여자의 경우 방부妨夫 즉 남자의 앞길을 가로막는다 하여 흉하게 보고, 코 끝 준두에 난 점은 남녀 모두 흉하게 본다. 따라서 남자의 점을 보는 방법과는 달리, 여자의 경우 점이 난 부위와 점의 색깔을 보고 그것이 한평생의 운명에 어떠한 영향을 미치게 될 것인지를 잘 살펴야 한다.

46개 여자 점 명칭과 의미

1.군왕부(君王夫) 2.구부(九夫) 3.방부모(妨父母) 4.소노(少奴) 5.재가(再嫁) 6.해친(害親) 7.방부(妨父), 방부(妨夫) 8.객사(客死) 9.손부(損夫) 10.산액(産厄) 11.방부(妨夫) 12.길(吉) 13.부리(夫離) 14.의부(宜夫) 15.옥(獄) 16.의잠(宜蚕)17.의자(宜子) 18.귀부(貴夫) 19.방부(妨夫) 20.장명(長命) 21.액(厄) 22.겁도(劫盜) 23.장길(長吉) 24.호간(好奸) 25.소자(少子) 26.화액(火厄) 27.흉(凶) 28.방자(妨子) 29.곡부(哭夫) 30.호색(好色) 31.자진(自盡) 32.투기(妬忌) 33.수액(水厄) 34.쌍생(雙生) 35.살사자(殺四子) 36.구설(口舌) 37.방부(妨夫) 38.경부(敬夫) 39.총명(聰明) 40.수액(水厄) 41.질고(疾苦) 42.소전택(少田宅) 43.방비(妨婢) 44.대귀(大貴) 45.살부(殺夫) 46.자해(自害)

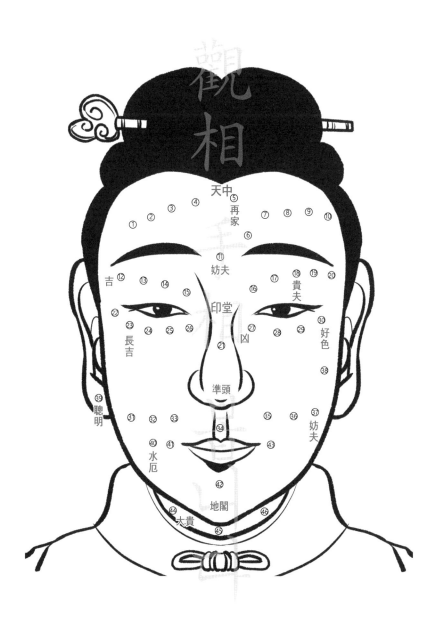

3. 이목구비로 본 얼굴의 길흉

1) 귀-생명력과 심성을 나타낸다

귀는 오관(五官)중 귀, 눈, 입, 코, 눈썹으로서 오관 중 맨 먼저 놓는다. 귀는 오관의 근본으로서 생명력의 뿌리를 이루며, 심성과 음덕을 이루는 바탕이 되기 때문이다. 귀는 주로 15세 이전의 초년 운을 지배하여 부모의 음덕과 조상의 기운을 담은 기틀이 되고, 얼굴의 옆면에 있으면서 자신을 방어해 준다. 다른 부위는 정면에 함께 모여 있는데 귀만 옆면에 따로 떨어져 잘 보이지 않으면서 전체를 관장한다.

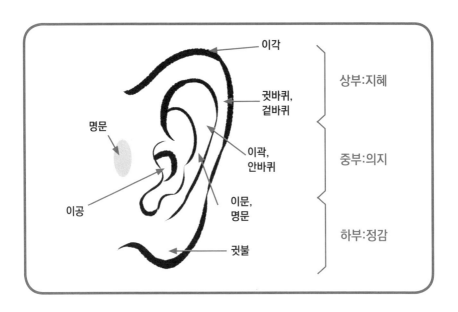

귀는 상부(上部), 중부(中部), 하부(下部)로 나누어서 보며, 각각이 하늘과 나 자신과 땅의 원리를 담고 있다. 상부인 하늘은 높고 둥글어 심오한 지혜와 덕을 나타내므로, 높이 솟아 둥글게 풍만해야 한다. 나 자신은 중심이 반듯하게 서 있어야 하므로 이에 해당하는 중부는 의지를 상징하여 단단해야 하며, 하부인 땅은 대지의 자애로움을 본받아 정을 의미하므로, 살집이 많고 홍조를 띠어야 좋은 상이다.

1-1) 귀의 기본형태와 명칭

귀의 모양은 일생 동안 변하지 않는다. 그러면 그것이 어떤 운수를 보여주는가? 자연 속에서 살아가는 동물에게 귀는 자위력(自衛力)의 상징이다. 동물은 귀를 통해 위험을 직감하고 제때에 도망을 칠 수가 있다. 특히 토끼나 산양 등 초식 동물에게는 저마다 한 쌍의 커다란 귀가 있다. 그러므로 귀는 약자의 생명 보호를 위한 중요한 무기임을 알 수가 있다. 사람들에게 귀는 소리를 듣는 기관일 뿐만 아니라 성격이나 재능, 운명을 보여주는 부위이다. 사람의 귀는 일생 동안 그 형상이 변하지 않는다. 그리고 선천적인 유전인자가 매우 강하기 때문에 사람의 마음대로 자리를 옮기거나 움직일 수 없다.

관상학에서는 귀를 보고 그 사람의 건강과 체질을 판단한다. 이외에도 귀는 그 사람의 만년 상황을 관찰하는데 매우 좋은 근거가 된다. 앞에서 말한 바와 같이 귀는 '열매'이다. 싹과 잎이 제아무리 무성하고 꽃이 아름답게 피어났다 해도 열매를 맺지 못하면 그야말로 옥에 티가 아닐 수 없다. 생물 중에서 귓볼이 있는 것은 오직 인류뿐이다. 다른 동물들에게는 귓볼이 없다. 귓볼에서 우리는 한 사람의 물질적인 욕망을 알아낼 수 있다. 그렇기 때문에 관상학에서 귓볼은 한 사람의 돈복과 재운을 나타내는 것이다.

귀 끝이 뾰족한 사람

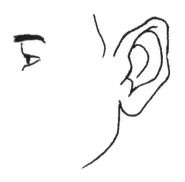

- 배은망덕한 야박한 자이다.
- 가족의 온정(溫情)을 느끼지 못한다.
- 영활하다.

귀가 낮게 달린 사람

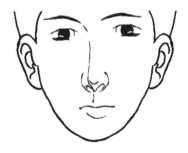

- 귀한 가정에 태어난다.
- 대단한 복을 누린다.

귓바퀴가 굳은 사람

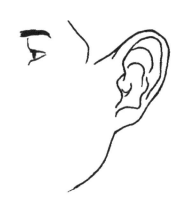

- 너무 고집스러워 융통성이 없다.
- 건강하다.
- 열정적이다.
- 행운아이다.

귓바퀴가 돌출한 사람

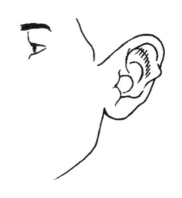

- 고생을 많이 한다.
- 좌절이 많고 목표를 달성할 수
  없다.

귓바퀴가 큰 사람

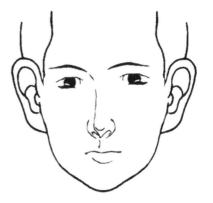

- 양친이 서로 사랑하고 부유한
  가정에서 태어난다.
- 재원(財源)이 풍부하다.
- 귓바퀴가 곧고 길면 수리(數理)
  능력이 뛰어나다.

귓바퀴가 얇은 사람

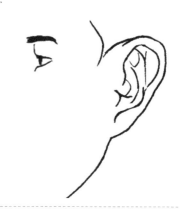

- 남에게 미움을 받는다.
- 고독하다.
- 명이 짧다.

귓바퀴가 부드러운 사람

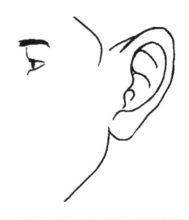

- 연약하다.
- 타인을 잘 돌봐준다.
- 융통성이 지나치다.
- 타인의 지배를 쉽게 받는다.

귓끝이 오목한 사람

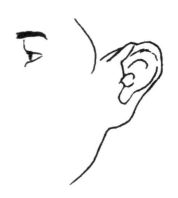

- 일마다 예산을 세운다.
- 남의 은혜에 감격할 줄을 모른다.

귓바퀴가 높게 달린 사람

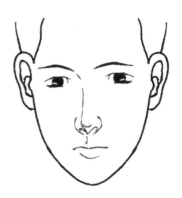

- 비천하다.

귓바퀴가 두텁게 살찐 사람

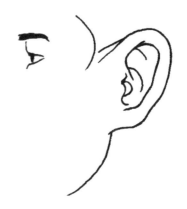

- 도덕이 매우 높다.
- 타인의 신임을 받는다.
- 생기가 넘친다.

귀끝이 두드러진 사람

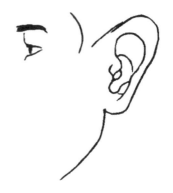

- 품격이 훌륭하다.
- 실행력이 부족하다.
- 투기적인 사업에 종사하기는
  적합하지 않다.

귓바퀴가 작은 사람

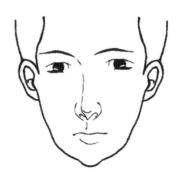

- 역경 속에서 태어난다.
- 항상 가난에 부딪힌다.
- 경계심이 강하지만 감각이 굼뜨다.
- 만년이 외롭고 쓸쓸하다.
- 남의 언행을 잘 따른다.
- 손 재주가 좋다.
- 언제나 하찮은 일에 크게 놀란다.

2) 눈-눈은 성격과 성품을 나타낸다

옛날 사람들은 '눈은 영혼의 창문이다.'라고 하였다. 사실 눈은 영혼의 창문일 뿐만 아니라 한 사람의 성격과 기질을 보여주는 '창문'이다. 관상학에서는 눈을 '감찰관(監察官)'이라고 한다. 눈은 우리와 함께 세상 만경을 유람할 뿐만 아니라 동시에 우리의 마음속 정서를 표현하고 있으며 또, 한 사람의 운과 수명을 반영하고 있다. 이 때문에 눈은 관상학에서의 한 개의 중점인 것이다.

동방의 관상학에서는 눈뿐만 아니라 '눈꺼풀'도 역시 중요시한다. 눈가죽은 눈의 일부이며 관상학에서는 전택궁(田宅宮)이라고도 한다. 눈꺼풀은 우리가 한 사람의 직감력과 예술적 재능을 판단함에 도움을 준다.

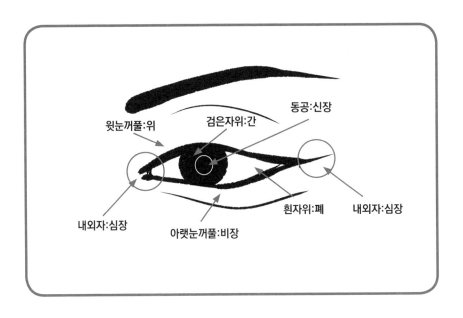

사람의 얼굴에 있어 눈이라는 것은 곧 천상(天上)의 일월(日月)과 같은 존재로서, 나의 모든 정신과 마음과 물질의 주인이자 근본을 이룬다. 일월이 삼라만상(森羅萬象)을 다 비추어 광명을 열어주듯, 부귀 복덕과 건강 장수의 모든 것에 관여하여 평생의 삶을 좌우한다. 얼굴에서 눈이 운의 50%를 좌우하므로 다른 부위가 아무리 잘생겨도 눈이 뒤떨어지면 큰 성공을 기대하기 어렵고, 얼굴이 다소 부족해도 눈만 수려하게 타고 났다면 두려워할 것이 없다. 일생을 두고 크나큰 작용을 하는 눈은, 운명의 척도가 되며 선악을 판단하는 기틀이 된다.

눈은 오장육부 중에서 간에 소속되어 있어, 간이 피로하면 눈이 어두워지고 간이 건강한 사람은 눈이 윤택하고 밝다. 전체적으로는 간이 눈을 주관하지만, 눈의 부위마다 해당하는 장기가 따로 있다. 동공은 신장이 관리하고, 검은자위는 간, 흰자위는 폐, 윗 눈꺼풀은 위장, 아랜 눈꺼풀은 비장, 눈의 시작과 끝부분(내외자/어미)은 심장이 각각 관리한다. 이들 각 부위는 오장의 정기가 집중된 것으로, 눈을 자세히 관찰하면 우리 몸의 건강 상태를 그대로 읽을 수 있다.

두눈이멀리떨어진사람

- 이치에 맞게 일처리를 한다.
- 상냥하고 인정이 있다.
- 성실하며 극진하다.
- 시야는 넓지만 꼼꼼하지 못하다.
- 유유한 성격이 있다.

상삼백목(上三白目)인 사람

- 잔인하고 운수가 사납다.
- 탐색하기를 즐긴다.
- 남의 흠을 밝히기를 좋아한다.
- 선배와의 인연이 없다.

아래 눈꺼풀이 부은 사람

- 변설에 능하다.
- 신장(腎臟)이 약하다.

봉안(꼬리가 위로 찢어진 눈)인 사람

- 성질이 냉담하고 제멋대로이다.
- 향상심이 강하고 대담하다.
- 언행이 일치하지 않는다.
- 남에게 지기 싫어한다.
- 감정 기복이 심하고 승진이 빠르다.

눈꼬리가 아래로 처진 사람

- 신중하고 순종하며 너그럽고
  유순하다.
- 남의 지배를 쉽게 받고 행동이 굼뜨다.
- 착하지만 매우 소심하다.
- 대부분 색을 즐기고 음탕하다.
- 세심하고 주도면밀하다.
- 가정적이다.

눈을 올려뜨고 말하는 사람

- 뜻이 높다.
- 남의 의견을 잘 좇는다.
- 방어심이 있다.
- 교활하다.

눈을 내리뜨고 말하는 사람

- 신중하게 행동한다.
- 돈후하다.
- 만약 사팔눈일 때는 그의 음흉한 마음을 헤아리기 어렵다.
- 설사 성실해 보일지라도 절대 부주의해 서는안된다.

오른쪽 눈이 왼쪽 눈보다 더 큰 사람

- 인간관계가 매우 좋다.
- 남들에게 깊은 사랑을 받는다.

하삼백목(下三白目)인 사람

- 유혹이 많다.
- 도색사건이 있다.
- 의심이 많고 질투심도 매우 강하다.
- 상냥하다.
- 후대와의 인연이 없다.
- 고집스럽다.
- 자의식이 아주 강하다.
- 남의 물건을 탐낸다.
- 여자라면 남자를 쉽게 휘어잡는다.

눈이 작은 사람

- 관찰력이 뛰어나다.
- 경계심이 강하다.
- 수단을 잘 써 책략가에 적합하다.
- 조금도 소홀히 하지 않는다.

눈가에 주름이 있는 사람

- 색(色)을 좋아한다.
- 대부분 음탕한 사람이 많다.

왼쪽 눈이 오른쪽 눈보다 큰 사람

- 실패를 인정하기 싫어한다.
- 스스로 우월감에 빠진다.

눈이 오목한 사람

- 시야는 좁지만 심사숙고한다.
- 이해력이 있고 늠름한 현실주의
  자이다.
- 품행이 열악하며 타인을 헐뜯기
  좋아한다.
- 경계심이 강하다.

눈이큰사람

- 말이 많고 언행에 빈틈이 없다.
- 우상 숭배, 열정적이어서 이상적인
  연애 상대이다.
- 감수성이 강하여 여자라면 유행을
  잘 따 르고 남자라면 용기가 있다.
- 낙천적이며 관찰력이 둔하다.

쌍꺼풀이 있는 사람

- 사랑스럽고 쾌활하다.
- 덤벙댄다.
- 개성이 평범하다.
- 쉽게 자만하고 우쭐거린다.
- 정서의 지배를 쉽게 받는다.
- 이면(裏面) 쌍꺼풀인 사람이면
  타인의 오해를 쉽게 받는다.

홑눈꺼풀인 사람

- 성격이 냉정하고 행동이 침착하다.
- 의지력이 강하다.
- 말이 적다.

눈 아래 주름이 있는 사람

- 색을 즐기고 방탕하다.
- 만약 여색을 멀리 할 수 있다면 주름은 없어진다.

눈이 건조한 사람

- 번뇌가 많다.

두눈이아주가까운사람

- 감수성이 예민하다.
- 상식을 벗어난 일은 하지 않는다.
- 쓸데없이 걱정한다.
- 성격이 조급하고 우울하다.

말할 때 눈을 자꾸 깜빡이는 사람

- 조심스럽다.
- 교활하고 남을 잘 속인다.
- 허영심이 강하다.

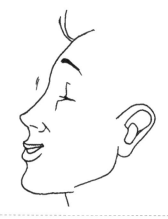

눈이 가는 사람

- 생각이 깊다.
- 의심이 많고 신경질적이다.
- 친구가 적지만 한번 맺은 우정은
  오래도록 잊지 않는다.

눈이 둥근 사람

- 표리가 일치한다.
- 명랑하고 감수성이 예민하다.
- 교제가 넓지만 깊지 않다.
- 쉽게 유혹을 당한다.
- 열정적이다.
- 다루기 어렵다.
- 우울하다.

퉁망울 눈

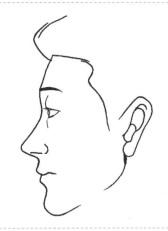

- 관찰력이 예민하나 기억력은 모호하다.
- 일처리가 꼼꼼하지 못하고 경솔하다.
- 명랑하고 쾌활하다.
- 원칙 없이 아무것이나 다 좋다고 한다.

윗눈꺼풀이 부은 사람

- 난폭하다.
- 성질이 우악스럽다.

2-1) 눈썹-눈썹은 지성을 나타낸다.

많은 동물 중에 오직 인류만이 눈썹을 가지고 있다. 눈썹의 모양은 한 사람의 얼굴이 귀여운가 아니면 흉측한가에 영향을 줄 수 있다. 예를 들면 '미목이 수려하다(眉淸目秀)'라는 것은 눈썹이 아름다워 용모가 매우 수려해졌다는 뜻이다.

생리학상으로 볼 때 눈썹은 땀방울이 눈에 흘러드는 것을 방지하는 작용을 한다.

관상학에서는 눈썹을 '현명한 사람과 어리석은 자를 가려내는 창문(賢愚之門)'이라고 한다. 즉, 한 사람의 지성이 높고 낮음을 추측하는 가장 좋은 재료인 것이다. 동시에 그가 형제, 친척, 친구와의 관계가 어떤가를 관찰할 때 중요한 근거가 된다.

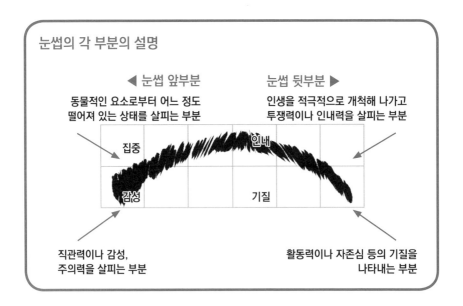

눈썹의 각 부분의 설명

◀ 눈썹 앞부분
동물적인 요소로부터 어느 정도 떨어져 있는 상태를 살피는 부분

눈썹 뒷부분 ▶
인생을 적극적으로 개척해 나가고 투쟁력이나 인내력을 살피는 부분

집중
인내
감성
기질

직관력이나 감성, 주의력을 살피는 부분

활동력이나 자존심 등의 기질을 나타내는 부분

눈썹은 심장과도 밀접한 관계가 있고 석 달에 한 번씩 재생한다. 한의학에서는 혀가 심장 계통에 예속되었고 눈썹과도 약간 관계가 있다고 생각한다. 다시 말하면 심장, 혀, 눈썹은 동일한 계통인 것이다. 사람이 말을 할 때는 단지 혀만 사용하지만 말에 지치면 심장에 손상을 주게 되며 심지어 눈썹이 전부 빠지기도 한다.

선서(禪書)에서 '노파심에서 거듭 충고하다'라는 뜻을 '눈썹을 아까워하지 않는다(不惜眉毛)'라고 말하는데 이가 바로 이런 이치인 것이다. 하여튼 눈썹은 모든 정신적인 활동과 성격을 표현하는 것이므로 한 사람의 속마음을 알 수 있는 중요한 근거가 된다.

눈썹이 가는 사람

• 여성스럽고 소극적이다.
• 결단력이 없다.
• 남자라면 여성화된 경향이 있다.

눈썹과 눈이 매우 가까운 사람

- 의심이 많고 잘 속인다.
- 경솔하다.
- 견식과 직감력이 부족하다.

눈썹이 굵은 사람

- 남자답다.
- 항상 남에게 불편을 끼친다.
- 적극적이다.
- 비약적으로 발전하는 유형이다.
- 양친의 비호를 받는다.

눈썹과 눈이 멀리 떨어진 사람

- 너그럽고 한가하다.
- 직감력이 예민하다.
- 도량이 넓다.
- 장수한다.

눈썹 끝이 아래로 처진 사람

- 남의 일에 참견을 잘한다.
- 호감이 가는 전형적인 인물이다.
- 동정심이 많은 호인이다.
- 복수심이 적다.
- 40여세에 고생한 보람을 보게 된다.

눈썹
眉

양미간이 좁은 사람

- 자주 양미간을 찌푸린다.
- 명석하다.
- 도량이 좁다.
- 중년에 중병을 한 번 앓게 된다.

눈썹끝이 올라간 사람

- 지기 싫어하는 성질이 있다.
- 조화되지 못한다.
- 호전적이고 자존심이 강하다.
- 타협하지 않는다.
- 횡포하다.

- 체력이 매우 좋다.
- 태도가 초연(超然)하다.
- 약간 굼뜨다.

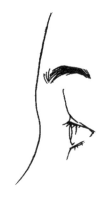

미간에 세로 주름이 많은 사람

- 신경질적이다.
- 일 처리에 조금도 빈틈이 없다.
- 양심적이다.
- 꾸준히 노력하는 형이다.
- 개성이 강하다.

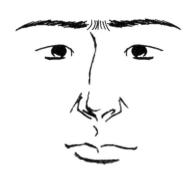

눈썹이 가는 ―자형인 사람

- 자기 의견을 고집한다.
- 인내력이 부족하다.
- 음험하다.
- 전형적인 지혜범이다.

미간에 가로 주름이 많은사람

- 격정적이다.
- 세상일을잘알고있다.
- 남을 잘 도와준다.
- 마음씨가 선량하다.

눈썹이 얇고 색이 연한 사람

- 침착하고 정력이 왕성하다.
- 지혜는 있으나 향상심이 부족하다.
- 창시자에게는 적합하지만 지도
  능력은 없다.

눈썹의 끝이 갈라진 사람

- 이성들 속에서 연줄이 좋다.
- 일생을 편안하게 지낸다.

양미간에 한 줄의 가로 주름이 있는 사람

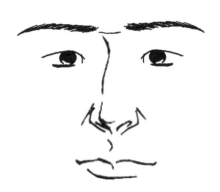

- 중병을 한 번 앓은 경험이 있다.
- 빈곤한 생활을 한 경험이 있다.

양미간에 두 줄의 세로 주름이 있는 사람

- 경솔하고 사악하다.
- 자기의 결점을 잘 안다.
- 일처리를 항상 억지로 한다.
- 사고력과 판단력이 강하다.
- 지도 능력이 있다.

속눈썹이 성긴 사람

- 애정이 적다.
- 변덕스럽다.

속눈썹이 농밀한 사람

- 정력이 왕성하다.
- 쾌활하다.

양미간에 한 줄의 세로 주름이 있는 사람

- 시비가 선명하다.
- 경제적 두뇌이다.
- 성품이 극렬하고 경솔하다.
- 자기와 타인에 대해 모두 가혹하다.

양미간이 매우 넓은 사람

- 침착하고 장수한다.
- 때론 일처리를 대충대충하고 처지가 변해도 놀라지 않는다.
- 정조 관념이 약하고, 새로운 것을 보면 마음이 흔들린다.
- 도량과 시야가 넓다.

눈썹이 빳빳한 사람

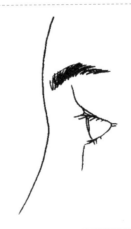

- 비천하다.
- 대담하다.
- 단명한다.

양미간에 두 줄의
가로 주름이 있는 사람

- 남을 배반하지 않는다.
- 타인을 위하여 늘 자신이 고생한다.

속눈썹이 긴 사람

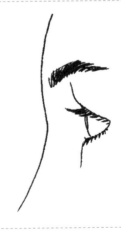

- 섬세하다.
- 체질이 허약하다.
- 명석하다.

눈썹이 짧은 사람

- 부모와의 인연이 엷다.
- 부부 사이의 인연도 엷다.
- 융합이 잘 되지 않는다.

눈썹 眉

눈썹이 굵은 ―자형인 사람

- 대담하다.
- 의지가 굳세다.
- 말투가 엄하고 가혹하다.

눈썹이 긴 사람

- 남의 사정을 잘 이해해 준다.
- 융합이 잘 되며, 민감하다.
- 도량이 넓다.
- 돈으로 인한 고생은 하지 않는다.

눈썹이 매우 긴 사람

- 고귀하다.
- 겁이 많다.
- 장수한다.

눈썹이 농밀한 사람

- 운이 매우 좋다.
- 의지가 굳다.
- 소박하고 언변이 없다.
- 교만하고 교활하다.
- 이기적이다.

초생달 눈썹을 가진 사람

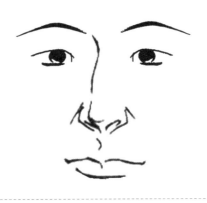

- 성품이 온순하고 인자하며 때로는 부드럽다.
- 지혜가 있다.
- 작은 이익을 잘 챙긴다.
- 부모에게 효도하고 형제들과 화목 하다.

3) 입-입은 감정을, 이는 운명을 나타낸다.

오관 중에서 입은 촉각과 미각을 담당하고 있다. 그러므로 입은 상당히 복잡한 기관이다. 또한 인류 감정의 표징이기도 하다. 예를 들면, '입을 다물고 말을 삼간다(三緘其口)'든가, '아연실색하다'등이 모두 감정 표현에 속하는 말들이다.

눈은 지성미를 나타내고, 입은 감정을 표현한다. 제아무리 절세 미녀라 하더라도 만약 입 모양이 밉게 생겼다면 저속한 인상을 주게 된다.

입술도 역시 중요한 기관이다. 관상학에서 윗입술은 정신적 영역을 표현하고 아랫입술은 본능적 영역을 나타낸다. 일단 이 균형이 파괴되면 평탄한 인생의 길로 나아가기가 아주 어렵다.

여성들이 항상 입술에 립스틱을 바르는 것은 붉은 입술이 건강을 의미하기 때문이다. 다시 말하면 입술은 한 사람의 건강 상태를 보여 준다.

이(齒)는 사람들 일생의 운명을 암시하여 준다. 이가 좋지 못한 사람이 장수할 수 없고 장수한 사람들의 이는 보통 모두 튼튼하다. 연령(年齡)의 령(齡)자가 이 치(齒)변인 것도 바로 이런 이치 때문이다.

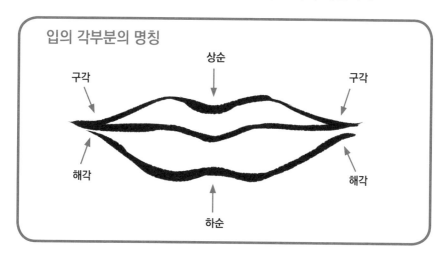

입의 각부분의 명칭

구각　　상순　　구각

해각　　하순　　해각

윗입술이 치켜올라간 사람

- 우월감이 매우 강하다.
- 술을 즐긴다.
- 자극적인 것을 늘 추구한다.
- 감정의 기복이 심하다.
- 삶에 곤란을 겪는다.

윗입술이 아랫입술을 덮은 사람

- 이론가이다.
- 열정적이고 정의롭다.
- 검붉은 입술은 정욕이 왕성하고
  물적 욕망도 매우 강하다.

입이 뾰족한 사람

- 충동적이고 거칠다.
- 대인관계가 나쁘다.
- 가산을 계승하지 못한다.

입아귀가 아래로 처진 사람

- 수양이 부족하면 잔인할 수 있다.
- 남자답고 기개가 있으며 진지하다.
- 집을 돌보지 않는다.
- 의지가 굳고 고집스럽고 괴팍하다.
- 곤란을 두려워하여 공평무사하고 마음이 착하다.

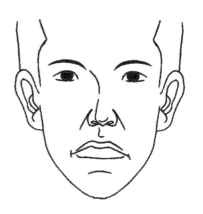

입이 작은 사람

- 의지력이 약하다.
- 힘써 행하는 일이 극히 적다.
- 열정적이지만 대담하지 못하다.
- 땀을 쉽게 흘린다.

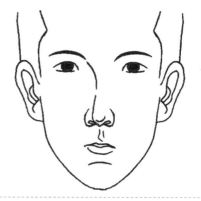

입술 네 변이 비뚤어진 사람

- 성실하고 말이 적다.
- 동작이 경쾌하지 못하다.
- 신념이 확고하다.
- 두각을 나타낼 수 있다.

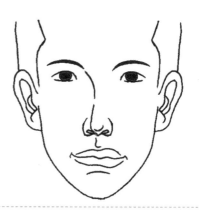

윗입술은 두텁고
아랫입술은 얇은 사람

- 활기가 있다.
- 도량이 좁고 불평이 많다.
- 만사에 자기 의견을 제시한다.

돼지 입처럼 생긴 사람

- 타인을 헐뜯기 좋아한다.
- 남의 견제를 쉽게 받는다.

아랫입술이 윗입술보다 돌출된 사람

- 억지를 잘 부린다.
- 좀체로 반성을 하지 않는다.
- 푸념이 많다.
- 남의 사후 처리를 잘 돕는다.

입이 큰 사람

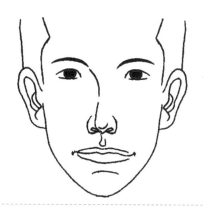

- 재주가 매우 많다.
- 도량이 넓다.
- 결심이 있다.
- 입이 너무 크면 성격이 우악스럽다.

뻐드렁니를 가진 사람

- 호기심이 많고 대담하다.
- 허풍을 잘 떨고 말이 많다.
- 참을성이 없고 쾌활하다.
- 개방적이고 열정적이다.
- 욕망이 가득하다.

쥐 이빨(잔니)인 사람

- 근면하다.
- 정교하다.
- 인내력과 지구력이 강하다.

입아귀가 위로 올라간 사람

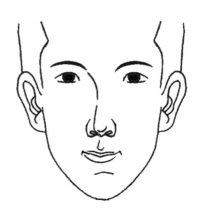

- 사랑을 받는다.
- 사교성이 좋으며 유머가 있다.
- 글재주가 있다.
- 쉽게 유혹을 당한다.
- 열정적이다.
- 꾸미기를 좋아한다.

입술이 두툼한 사람

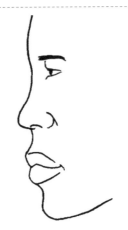

- 미식가이자 요리에 재주가 있다.
- 말 재주가 없다.
- 정욕이 강하다.
- 남녀문제에 있어서 질투를 잘한다.
- 충실하고 정직하다.

뾰족 이를 가진 사람

- 계산 능력이 뛰어나다.
- 착실하고 침착하다.
- 공격적이다.
- 팔자가 사납다.

이 사이가 넓은 사람

- 건강하다.
- 일처리가 거칠다.
- 비밀을 못 지킨다.
- 부모와의 인연이 없다.

이가 혼란한 사람

- 이기적이다.
- 말과 행동이 일치하지 않는다.
- 변덕스러워 갈피를 잡을 수 없다.
- 변덕이 많다.
- 자만하여 처지를 잊는다.
- 아내와 인연이 없다.

입술이 얇은 사람

- 냉정하고 야박한 경향이 있다.
- 미각이 둔하다.
- 웅변가이다.

- 발랄하다.
- 생각이 치밀하지 못하다.
- 돈복이 대단히 좋다.
- 세상에 이름을 떨친다.

아랫입술이 두텁고
윗입술이 얇은 사람

- 욕망이 강하다.
- 방어심이 강하다.
- 푸념이 많다.

4) 코-코는 욕망을 나타낸다.

한문에서 비(鼻)자는 상, 중, 하, 세 부분으로 구성되는데 최상부가 자(自)자이다. 이로써 알 수 있는 것은 코는 자기 자신을 대표하는 부위이라는 점이다.

물론 코 역시 사람 용모의 미추(美醜)를 결정하는 요인이다. 하지만 이 밖에도 코는 우리가 한 사람의 내재적인 일면을 이해하는 것에도 도움을 준다. 그런데 공교스럽게도 사업에 성공한 사람들과 위대한 업적을 창조한 위인들을 보면 모두가 훌륭한 코를 갖고 있었다. 코는 본래 그 사람의 욕망과 생활 능력을 나타낸다.

여인의 경우 코가 너무 크면 남편을 좌지우지하는 경향이 있다. 그리고 코는 성기관을 상징하기도 한다. 아마도 여러분은 이 점을 이미 알고 있을 것이다. 특히 성기관의 크기는 코의 크기와 상당히 밀접한 관계를 갖고 있는 듯하다.

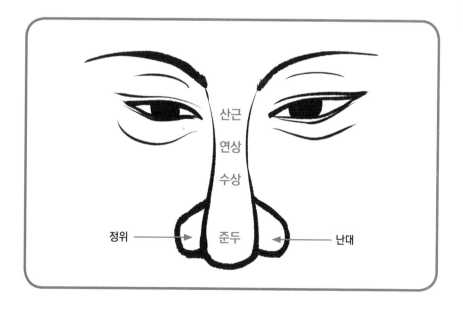

4-1) 코의 기본형태와 명칭

코는 얼굴 중앙에 자리 잡고 우뚝하게 솟아 있어 얼굴의 근본을 이루며 '나 자신'을 상징한다.

또한 12궁 가운데 재물운을 다루는 재백궁(財帛宮)으로서, 집에 비유하면 대들보나 기둥과 같은 존재이므로 코는 절대로 비뚤어지지 않고 널찍하고 웅장해야 한다.

코는 오관(五官) 가운데서 사물을 분별하여 심판하는 구실을 한다 하여 심변관(審辨官)이라고도 한다. 눈이 '봄으로써' 살핀다면, 코는 '분별을 통해' 살핀다고 여긴다. 코는 폐와 연결되어 있는데, 그래서 폐에 열이 있으면 코가 막히고, 폐가 맑으면 호흡도 원활하고 냄새도 잘 맡을 수 있다. 코에서도 비장, 위장과 연결되는 것이 콧대(연상年上, 수상壽上)로, 장기의 이상 유무를 판단할 수 있다 하여 질액궁(疾厄宮)이라고도 한다. 몸이 건강하면 산근(山根)과 연수(年壽)도 깨끗하고, 몸에 병이 있으면 산근과 연수도 어두워진다. 예부터 "귀 잘생긴 거지는 있어도, 코 잘생긴 거지는 없다."라고 하여 재운의 좋고 나쁨을 살폈다.

개발 코인 사람

- 남의 말을 쉽게 믿고 쉽게 배반
  당한다.
- 여자인 경우 관능적 향락을 중요
  시한다.
- 술을 즐긴다.
- 자녀와의 인연이 옅다.

코가 개코 모양인 사람

- 생각이 단순하다.
- 극기력과 자립심이 부족하다.
- 계획성이 전혀 없으며 경제상의 고
  통을 다른 사람들보다 배로 느낀다.
- 일생 동안 남에게 좌지우지된다.

코가 짧은 사람

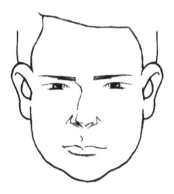

- 천박하다.
- 만약 승진을 하면 유유자적한다.
- 행동이 경솔하다.
- 향상심이 부족하다.

콧방울이 매우 작은 사람

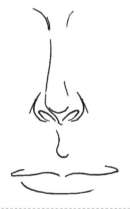

- 자녀와 인연이 없다.
- 정력이 약하다.
- 물질적인 뒷받침이 결여되어 있다.

코
鼻

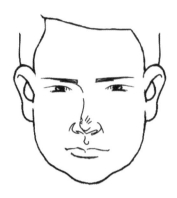

- 돈 걱정은 하지 않는다.
- 만년에 고독하다.

코가 큰 사람

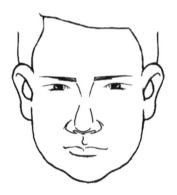

- 활기가 넘친다.
- 남성적인 기개와 박력이 있다.
- 일처리가 독단적이라 이기적이다.

코가 여윈 사람

- 신경질적이고 트집을 잘 잡는다.
- 체질이 허약하고 단명할 우려가 있다.
- 물질적인 운이 부족하다.

갈고리 코를 가진 사람

- 꼼꼼하고 세심하다.
- 방어심이 강하다.
- 의협심이 있고 남을 잘 도와준다.
- 부유해지기 어렵다.

인중(人中)에 주름이 있는 사람

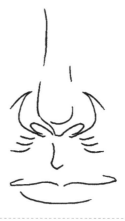

- 자녀와 인연이 옅다.
- 여성이라면 생식기의 병리 변화에 주의 해야 한다.

인중이 매우 짧은 사람

- 성질이 급하다.
- 생명력이 약하다.

납작코를 가진 사람

- 이상이 낮다.
- 감수성이 부족하다.
- 본능의 지배를 쉽게 받는다.
- 일에 수동적이라 발전이 없다.

그리스 코를 가진 사람

- 예술적 소질이 있다.
- 행동이 고상하다.
- 다툼을 싫어한다.
- 기질이 우아하다.
- 자비심이 많다.

콧구멍이 작은 사람

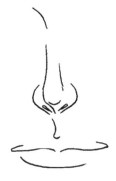

- 교활하다.
- 인색하다.
- 물건을 지나치게 아낀다.
- 거짓말을 잘 한다.
- 장래성이 없다.

코가 작은 사람

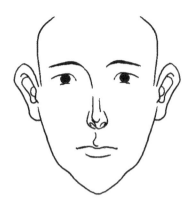

- 겁쟁이다.
- 실천이 없다.
- 폐와 생식기가 좀 약하다.

노루코를 가진 사람

- 조롱하기 좋아한다.
- 이기적이다.
- 평생 고생할 운수라 허영심이 많다.
- 모르면서도 늘 아는 체를 한다.
- 재산 손실을 잘 한다.

콧구멍이 큰 사람

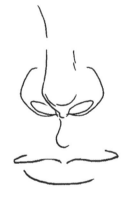

- 도량이 크다.
- 지출이 크다.
- 한평생 돈 고생을 안 한다.
- 비밀을 지키지 못한다.

코가 높은 사람

- 자존심이 강하고 제멋대로다.
- 민감하고 향상심이 강하다.
- 정복욕과 명예욕이 매우 강하다.
- 진취적이다.

유대인 코를 가진 사람

- 유물적 본성을 갖고 있다.
- 당대에 거부가 될 수 있다.
- 강렬한 욕망을 갖고 있다.
- 수전노이다.
- 항상 틈을 타서 한 몫 보려 한다.
- 교활하고 간사하다.

인중이 매우 긴 사람

- 인내력이 있다.
- 이성의 사랑을 받는다.
- 생명력이 강하다.

코가 비뚤어진 사람

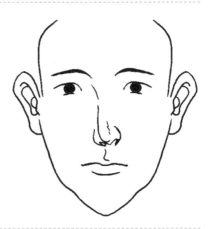

- 성질이 온순하지 않다.
- 가정의 평온을 느끼지 못한다.
- 사업의 흥망성쇠가 일정하지 않다.
- 약삭빠르다.
- 신체가 든든하지 못하다.

들창코인 사람

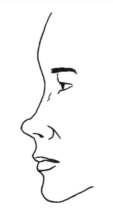

- 개방적이다.
- 비밀을 지키지 못한다.

콧방울이 크고 넓은 사람

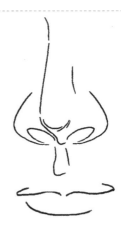

- 정력이 왕성하다.
- 유행을 잘 따른다.
- 재산을 모으려는 욕심이 매우 크다.

코
류

코가(매달아 놓은 담낭처럼)
단정하게 생긴 사람

- 우악스럽지만 사념(邪念)은 없다.
- 맡은 사업에 근면한다.
- 꼬치꼬치 캐묻길 좋아한다.
- 교제에 열중한다.

로마(Roma) 코를 가진 사람

- 공격과 투쟁성이 있다.
- 권력지향형이다.
- 다소 화목하지 못하다.
- 일체를 실천에 옮긴다.
- 용맹하다.

곧고 긴 코를 가진 사람

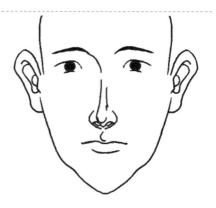

- 인정이 많다.
- 심사숙고한다.
- 신념이 강하다.

코가 좌우로 퍼진 사람

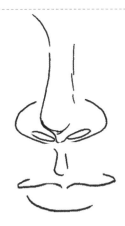

- 고집스럽다.
- 정력이 왕성하다.
- 극단적으로 물질을 중요시한다.

사자 코를 가진 사람

- 기세가 당당하다.
- 모든 일에 열성이 넘쳐흐른다.
- 총명하다.
- 일찍이 부자가 된다.

코끝이 처진 사람

- 속마음을 남들이 쉽게 알아채지
  못한다.

코
鼻

5) 얼굴의 모양, 관골, 턱
–턱은 지성을 관골은 정력을 나타낸다.

얼굴의 모양을 결정하는 요소는 여러 가지이지만 그중 가장 중요한 것이 뺨과 관골이다. 동시에 관상학에서 관골과 턱은 무수한 의미를 내포하고 있다.

먼저 턱부터 살펴보자. 턱도 여러 부분으로 세분할 수 있지만 본서에서는 간단히 아래턱 전체를 통틀어 말한다.

턱은 한 사람의 애정, 정력, 재산 등의 상태를 판단하는 실마리이다. 눈썹과 마찬가지로 다른 동물에게는 없는 부위이다. 다시 말하면 턱이 발달할수록 지성도 그만큼 높다고 할 수 있다. 지성의 발달 정도를 나타내는 것에는 또 이마가 있다. 이마는 고급 지성을 보여주고 턱은 일반적인 감관 능력의 지성을 나타낸다.

얼굴 볼의 형상은 종종 관골의 영향을 받는다. 뺨의 색깔에 의해 정력과 건강 상태를 판단할 수 있다. 그뿐만 아니라 얼굴 볼은 한 사람의 운명을 좌우한다.

예를 들면,

1) 눈 중앙의 바로 아래가 두드러졌다면 그는 모든 일처리에 매우 신중할 것이다.

2) 눈꼬리 바로 아래가 두드러졌다면 인내력이 매우 강함을 나타낸다.

3) 눈꼬리 열이 두드러졌으면 남을 도와주기 좋아함을 나타낸다. 2)와 3)의 사이가 두드러졌으면 공격성이 매우 강함을 나타낸다.

관골이 높은 사람

- 자존심이 강하다.
- 고집이 있다.
- 승부욕이 강하다.
- 기세가 당당하다.
- 사업은 승패가 상반된다.

얼굴이 둥근 사람

- 돈을 많이 모은다
- 극렬하고 덤벙댄다.
- 정력이 왕성하다.

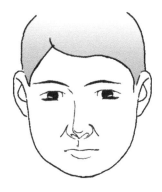

얼굴이 역삼각형인 사람

- 총명하다.
- 성품이 부드럽다.

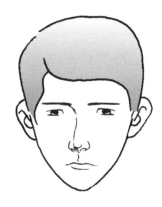

관골 頬

턱이 넓은 사람

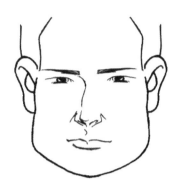

- 활동적이고 마음이 넓다.
- 신임을 받는다.
- 의심이 많고 포용력이 있다.
- 무한한 애정을 갖고 있다.
- 꼬치꼬치 캐묻기를 좋아한다.
- 질투심이 강하다.

턱이 넓고 둥근 사람

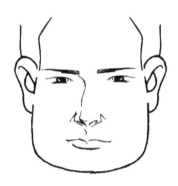

- 애정이 원만하고 선량하다.
- 가정적이다.
- 침착하고 사업에 열심히 임하며
  남을 잘 돌본다.
- 자녀가 뛰어나다.
- 성기관이 발달되고 여색을 즐긴다.

얼굴이 사각형인 사람

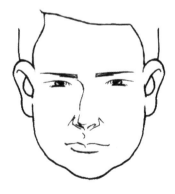

- 말이 적고 고집이 있다.
- 전혀 빈틈이 없다.

이중턱인 사람

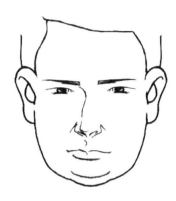

- 애정이 깊고 침착하다.
- 친절하고 인정이 많고 성실하다.
- 포용력이 있다.
- 상식이 있으며 재산이 많고 강렬한
  욕망이 별로 없다.

관골이 낮은 사람

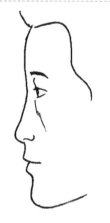

- 순종적이다.
- 사업에 늘 실패하여 큰 성과가
  별로 없다.

얼굴에 세로 주름이 있는 사람

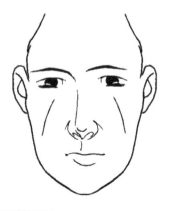

- 남을 도와주지만 늘 배반을 당한다.

관골
頰

얼굴이 큰 사람

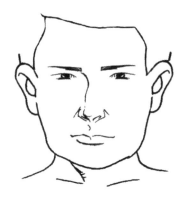

- 사교에 능하며, 인연이 매우 좋다.
- 유행을 잘 따른다.
- 허영심이 있으며 정치가형이다.
- 직감이 매우 뛰어나다.
- 환경의 유혹을 쉽게 받으며 사고와 애로 에 잘 부딪힌다.

얼굴이 살찐 사람

- 사소한 일에 구애받지 않는다.

턱이 각지고 귀밑 뺨이 넓은 사람

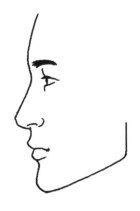

- 일을 늘 억지로 한다.
- 애정은 갈수록 깊어진다.
- 불굴의 정신이 있다.
- 진보적이다.

아래턱에 ╋자 주름이 있는 사람

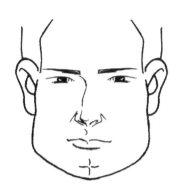

- 법적인 일에 잘 말려들고 그때마다 송사 에서 패한다.

광대뼈가 여윈 사람

- 움직이기를 싫어한다.
- 사소한 일에 잘 말려든다.

턱이 튀어나온 사람

- 자의식이 강하고 승부욕이 있고 충동적이다.
- 경박하며 자존심이 강하고 사면초 가에 겁을 먹는다.

턱이 좁고 뾰족한 사람

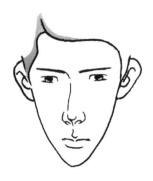

- 신경질적이며, 트집을 잘 잡는다.
- 정서 기복이 심하며 경박하다.
- 성에 대해 냉담하고 플라톤적인 사
  랑을 동경한다.
- 조사(夭死)할 우려가 있고 장수할
  지라도 만년은 고독하다.

얼굴이 계란형인 사람 1)

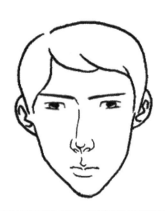

- 아래가 뾰족한 사람은 말만하고
  행동이 없다.

얼굴이 계란형인 사람 2)

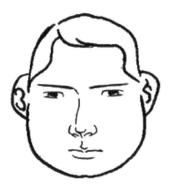

- 위가 뾰족한 사람은 행동이 있는
  사람이다.

얼굴이 좁고 둥근 사람

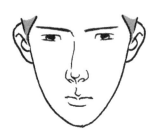

- 생기가 없고 천성이 단순하며 실행력이 부족하다.
- 명석하고 애정지상주의자이다.
- 여자라면 정녀(貞女)이다.

얼굴 피부가 거친 사람

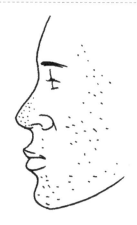

- 일처리를 대충대충하고 감각이 무디며 식견과 도량이 크다.

협골(광대) 좌우가 큰 사람

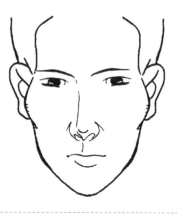

- 고집스럽다.
- 흉폭하고 잔인하며 만년은 고독하다.

얼굴 피부가 거친 사람

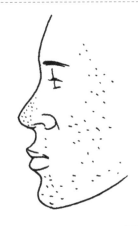

- 일처리를 대충대충하고 감각이
  무디며 식견과 도량이 크다.

턱 복판이 오목한 사람

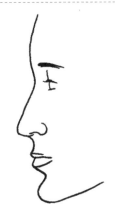

- 풍자를 잘 하고 사랑이 불안정하며
  스스로 즐거워하고 만족해 한다.

협골 아래쪽이 큰 사람

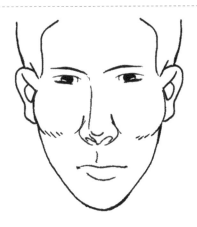

- 명쾌하지 못하고 고집스럽다.
- 저항심과 방어심이 있다.

턱이 모난 사람

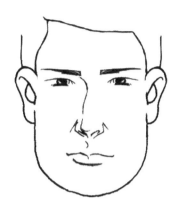

- 행동파이고 과단성이 있다.
- 전력 매진형이며 명성을 가졌으며
  철저 한 합리주의자이다.
- 애인에게 순정을 바친다.

얼굴이 긴 사람

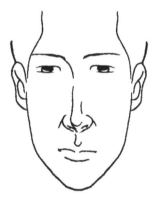

- 성품이 부드럽다.
- 감수성이 예민하고 다감하지만
  사상이 온건하다.

얼굴이 좁고 긴 사람

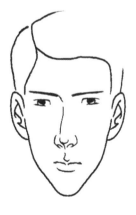

- 궤변을 잘 늘어놓고 말이 많다.
- 판단력이 높다.
- 시야가 넓고 상식이 있다.
- 천성이 상냥하고 인정미가 있다.

얼굴이 작은 사람

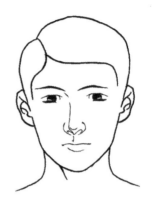

- 내향적이고 일처리가 신중하며
  행동이 조심스러운 비서형이다.

턱에 세로 주름이 있는 사람

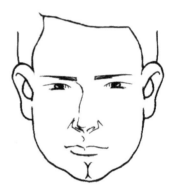

- 항상 거주 문제로 속태운다.
- 세로 주름이 많을수록 고민도 많다.

태양혈에 가로 주름이 있는 사람

- 평생 동안 이성 문제로 속을 태
  운다.

얼굴의 살결이 고운 사람

- 세심하고 남녀 문제에서 질투를
  잘 한다.

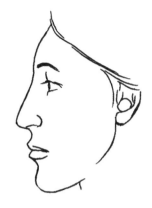

턱이 작은 사람

- 말만 하고 행동은 없다.
- 애정에 있어서 좋은 일은 없다.

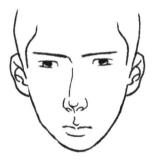

6) 이마, 머리카락, 수염
– 이마의 높이로 이해력을, 넓이로 관찰력을 알 수 있다.

이마는 고급 지성을 상징하는 부위이다. 예로부터 사람들은 이마가 넓고 높은 사람을 지혜가 대단히 높은 사람이라고 여겼으며 균형 잡힌 이마는 총명한 사람이라고 하였다. 정확히 말한다면 우리는 이마의 높 낮이를 보고 그 사람의 이해력을 알아내고, 이마의 넓고 좁은 것을 보고 그의 관찰력을 판단해 낼 수 있다. 자고 이래로 사람들은 온갖 방법으로 이마를 장식한다. 얼굴의 3분의 1을 차지하는 이마를 장식하면 인상을 바꿀 수 있다. 때문에 관상학에서는 이마를 인당(印堂)이나 명궁(命宮)이라고 한다. 그러므로 그야말로 아주 중요한 부위라고 할 수 있다.

이마와 밀접한 관계를 가진 것은 머리카락이다.
"짙은 머리 재상이 없고, 빈대 머리 튼튼한 사람 없다."란 옛말이 있듯이 머리카락이 너무 짙거나 너무 성글면 그 사람의 사회적인 처세에 영향을 미치게 된다. 머리카락은 또 건강 상태를 나타내기도 한다. 하룻밤 사이에 머리가 전부 희어졌다거나 전부 빠졌다는 이야기가 결코 터무니없는 말이 아니다.

수염은 남성에게만 있으며 머리카락과도 관계가 있는 것으로써 한 사람의 운명, 성격을 판단함에 있어서 없어서는 안 될 요소이다. 예를 들면, 머리카락이 짙고 수염이 성긴 사람은 모두 소극적이고 운수가 정체 상태이며, 반대로 머리칼이 성글고 수염이 짙은 사람은 대부분 열성적이고 행동이 거칠고 몰상식하다.

이마에 十자 주름이 있는 사람

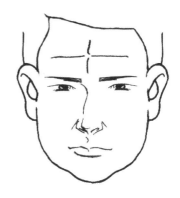

- 쉽게 교통사고를 당한다.
- 사건, 사고가 많다.

수염이 짙은 사람

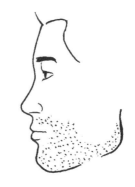

- 활발, 대담하다.
- 애정에 있어서 자질구레하고 번거 롭다.
- 열성적이고 용기가 있다.

머리카락이 빳빳한 사람

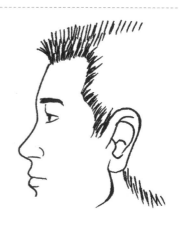

- 호방하고 공명 정대하다.
- 활기가 넘쳐흐른다.
- 융통성 없이 완고하다.
- 태도가 정색되어 있다.

- 가정에 책임감이 있다.
- 사랑에 충성심이 있다.

앞이마가 튀어나온 사람

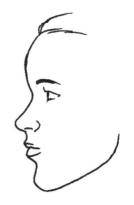

- 재능과 지혜가 뛰어나다.
- 너그럽고 도량이 넓으며 이해력이
  뛰어 나다.

머리카락의 색이 연한 사람

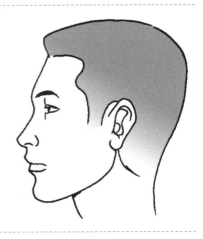

- 체력이 약하고 침착하다.

머리카락의 색이 짙은 사람

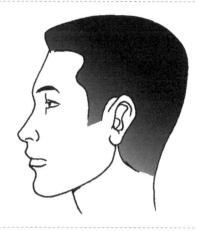

- 활발하고 명랑하다.
- 한 곳에 안주하지 못한다.
- 말이 많다.

서너 줄의 둥근 주름이 있는 사람

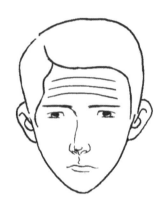

- 건강하게 장수한다.
- 의지가 강하다.
- 독실하고 정이 두텁다.
- 인내력이 있다.
- 성품이 고상하고 조화롭다.

이마 밑이 튀어나온 사람

- 관찰력과 분석력이 뛰어나다.
- 낙천적이며 향상심이 있다.
- 승부욕이 강하다.

이마
額

이마가 넓은 사람

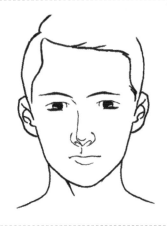

- 이지(理智)적이다.
- 성품이 부드럽다.
- 여자라면 과부로 수절한다.

단 한 줄의 깊은 주름이 있는 사람

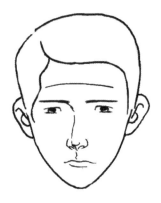

- 자극적인 것을 즐긴다.
- 집착하고 편집적이다.

이마가 좁은 사람

- 투쟁심이 강하다.
- 그리 총명하지 않다.
- 자제력이 부족하다.
- 야만적이고 흉악하다.

이마에 잔주름이 많은 사람

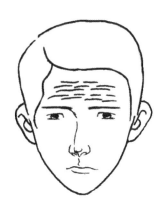

- 고생할 운이다.
- 남보다 더 많은 노력을 해야 한다.

머리카락이 굵은 사람

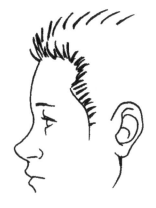

- 인내심이 있다.
- 돈 고생은 안 한다.
- 성적 능력이 강하다.
- 성품이 굳세고 활력이 있다.
- 남성적 기개가 충만되었다.
- 일 처리에 열성적이다.

머리카락이 가는 사람

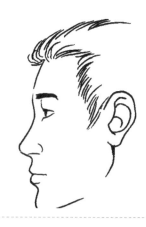

- 이지(理智)적이고 인텔리적이다.
- 개성과 성적 능력이 약하다.
- 성품이 섬세하고 부드럽다.

이마
額

양쪽 이마가 뒤로 벗겨진 사람

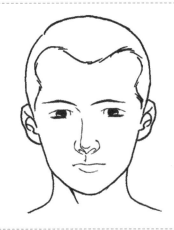

- 명랑하고 쾌활하며 남을 잘 돕는다.
- 사리판단을 좋아한다.
- 이론가의 품격이 있다.
- 승부욕이 있으며 남을 잘 조롱한다.

수염이 성긴 사람

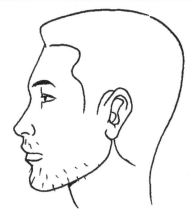

- 조심스럽고 의심이 많다.
- 때로는 교활하다.
- 스트레스를 주는것도 받는것도
  좋아하지 않는다.
- 재능과 지혜가 있다.

머리숱이 적은 사람

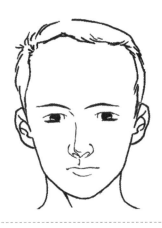

- 체질이 약해 병이 많다.
- 소극적이다.
- 거칠고 몰상식하다.
- 재능과 지혜가 있다.

이마 복판이 뒤로 벗겨진 사람

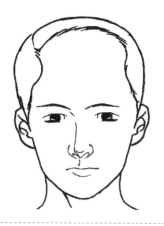

- 가정에 대한 책임감이 있다.
- 사리에 밝다.
- 이상가(理想家)의 기질이 있다.
- 시야가 비교적 좁다.

위 이마가 튀어나온 사람

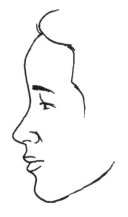

- 고상하다.
- 논리가(論理家)가 될 수 있다.
- 사업에 서투르다.

이마 양옆이 튀어나온 사람

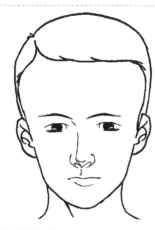

- 관찰력이 뛰어나다.
- 총명하다.
- 고집스럽다.

이
마
額

머리숱이 많은 사람

- 생기가 있다.
- 무모하게 일을 한다.
- 열정적이고 여색을 즐긴다.
- 질박한 것을 좋아한다.

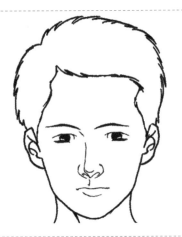

한 줄의 세로 주름이 있는 사람

- 경솔하다.
- 격정에 잘 사로잡힌다.

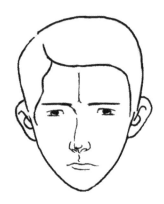

중앙에 여러 줄 주름이 있는 사람

- 직감력이 예민하다.
- 사람들에게 큰 호감을 받는다.
- 때로 더러운 생각을 한다.

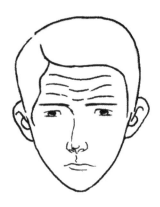

머리카락이 유연한 사람

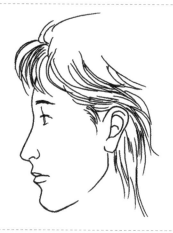

- 창의성이 풍부한 예술가형.
- 품위가 있다.
- 성품이 부드럽다.
- 인내심이 있다.

이마가 균형적으로 벗겨진 사람

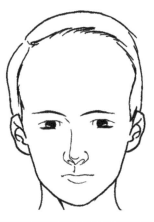

- 지혜가 풍부하다.
- 매우 유머러스하고 기지가 넘친다.
- 식견이 있다.

7) 흑지黑痣의 위치와 길흉
– 아름다운 용모를 파괴하는 흑지(검은 사마귀)의 비밀

관상학에서 흑지는 오점(汚點)을 나타낸다.

다 같은 흑지일지라도 그 모양과 윤기에 따라 의미가 달라진다. 흑지는 두 가지로 나눌 수 있다. 한 가지는 윤기 있는 '활지'이고 다른 한 가지는 윤기가 없는 '사지'이다. 물론 이 두 가지가 다 좋지는 않다. 그러나 재난 중에서 피해 받는 정도는 사지의 영향이 더 크다. 예를 들면 이마에 흑지가 있는 사람은 쉽게 화를 당한다. 만약 활지라면 재앙을 당하더라도 가볍게 당하거나 요행히 재난을 피하게 된다. 반대로 사지는 아마도 엄청난 재난을 당하게 될 것이다. 아래턱에 있는 흑지는 수재(水災)를 당할 징조이다. 여러 명이 함께 태풍을 만났을 때 만약 사지라고 한다면 타인에 비해 보다 큰 화를 당하게 된다. 그러나 활지일 때는 큰 재해를 당한 후에도 구사일생하거나 이로 인하여 부자가 되는 기회까지 얻게 된다. 흑지의 색깔은 보통 갈색이다. 색이 짙으면 짙을수록 나쁘며 볼록한 흑지가 오목한 흑지보다 더 쉽게 재난을 당하게 된다.

양미간에 흑지가 있는 사람

• 항상 질병으로 고생을 하게 된다.

이마에 흑지가 있는 사람

- 집을 떠나 방황한다.
- 만년에 행복하다.

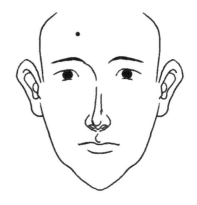

귓바퀴에 흑지가 있는 사람

- 최후에 재산을 남긴다.

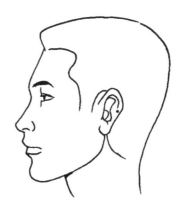

아래턱에 흑지가 있는 사람

- 전직하고 이사를 한다.

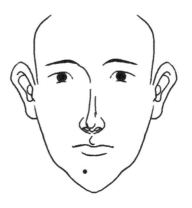

흑지黑痣

귓바퀴 뒷면에 흑지가 있는 사람

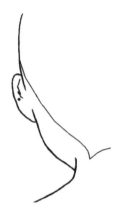

- 일생 동안 돈으로 인한 고생은 없
  을 것 이다.

눈꺼풀에 흑지가 있는 사람

- 일생 동안 집으로 인한 고생을
  하며 살 것이다.

눈 밑에 흑지가 있는 사람

- 이성의 배반을 쉽게 당한다.

- 이성에 대한 태도가 제멋대로이다.
- 정조 관념이 없다.

입 아래에 흑지가 있는 사람

- 일생 동안 집에 의한 고생을 하며,
  고생 할 운수를 타고났다.

입 위에 흑지가 있는 사람

- 쌍둥이를 낳게 된다.

흑지 黑痣

눈 옆에 흑지가 있는 사람

- 이성 문제로 속을 태울 것이다.

눈썹 안에 흑지가 있는 사람

- 성실하다.
- 자선 사업을 한다.

콧등에 흑지가 있는 사람

- 결혼, 이혼을 연속적으로 하게 된다.
- 장수한다면 고독할 것이다.

윗입술에 흑지가 있는 사람

* 깊은 정이 들었을 때 위험이 있을
  것이다.

뺨에 흑지가 있는 사람

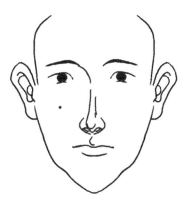

* 법적인 일에 쉽게 말려든다.

아랫입술에 흑지가 있는 사람

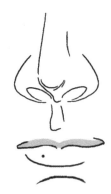

* 가정적이다.
* 요리에 재주가 있다.

觀相 手相 봅니다

제2장

손금

.
.
.

손금의 기본

연애운 결혼운 재물운

직업운 건강운 종합운

1. 어떤 손부터 봐야 하는가?

거울을 통해 자신의 얼굴을 유심히 살펴보라. 왼쪽 얼굴을 좋아하는가? 오른쪽 얼굴을 좋아하는가? 어떤 사람은 오른쪽 얼굴을 좋아하고 또 어떤 사람은 왼쪽 얼굴을 좋아할 것이다. 여기서 한 가지 명확히 할 것은 좌우 얼굴이 절대로 똑같지 않다는 것이다. 마찬가지로 오른손과 왼손의 손금은 종종 큰 차이가 나며 때로는 완전히 변하지 않는다.

그럼 손금을 볼 때 어떤 손을 봐야 하는가? 이 질문에 대하여 수많은 설 (說)이 있지만 반드시 두 손을 함께 관찰해야 한다는 것이 나의 결론이다. 두 손을 모두 관찰하고 나서야 종합적인 판단을 내릴 수 있다.

왜냐하면 왼손은 선천적인 특성을 표시하고 오른손은 후천적인 특성을 나 타낸다. 각자가 부동한 의미를 갖고 있다.

왼손은 타고난 재능, 성격, 운명 등을 보여 주며 오른손은 그가 노력하여 개척한 재능, 성격 등을 보여 준다. 부동한 의미를 포함하고 있기 때문에 양손을 다 자세히 관찰한 다음에 판단을 내리는 것이 매우 중요하다.

2. 손금도 변한다.

어떤 사람들은 단지 손금 하나만 보고 자신의 운명을 단정해 버린다.

예를 들면 손금에서 생명선이 짧으면 '장수하지 못하겠구나?'라고 한탄하고, 만약 태양선이 보이지 않으면 '난 연줄과 재물운이 없구나?'하고 슬퍼하기도 한다.

과연 그 말들이 모두 맞을까? 오랫동안 수상을 연구해 온 경험에 의하면, 생명선이 짧아도 장수하는 사람이 적지 않고, 태양선이나 재운선이 없어도 큰돈을 버는 사람이 많다.

그렇다면 못 믿을 게 수상이지 않은가? 그러나 손금은 사실만을 나타낸다. 우리가 하루하루 성장하듯이 손바닥의 잔금들도 변하고 있다. 당신의 부단한 노력은 손안에 뚜렷하게 새겨진다. 즉, 당사자의 눈에 보이지 않는 정신 상태를 나타낸다.

이 밖에도 수상은 손금만 보는 것이 아니라 손의 생김새나 색깔, 살집, 그리고 손톱 등 손 전체를 보는 것이다. 그렇기 때문에 손금만 보고 단언할 것이 아니라 종합적인 관찰을 해야 한다.

3. 손금은 8개의 기본 선이 있다.

손금에는 여덟 가닥의 기본선이 있다. 이를 잘 배워서 올바르게 응용하기만 하면 수상의 80%는 알아낼 수 있다.

생명선(生命線)
엄지손가락과 식지 사이에서 출발하여 금성구를 호상으로 에워싼 선으로 수명, 건강과 생명력을 나타낸다.

지혜선(智慧線)
생명선의 약간 위에서부터 출발하여 비스듬하게 손바닥을 가른선으로 지혜, 재능과 성격을 나타낸다. 적응력을 관찰함에 매우 중요하다.

감정선(感情線)
새끼손가락 밑에서 출발하여 손바닥을 가로지르는 선으로 성격, 애정, 감성 등 마음의 상태를 나타낸다. 연애의 운을 관찰하는 주선이다.
이상 세 선이 3대 주선이다.

운명선(運命線)
손목 근처에서 출발하여 토성구로 올려뻗은 선으로 신변의 변화와 운수의 강약을 나타 낸다.

태양선(太陽線)
태양구에서 출발하여 세로로 뻗은 선으로 연줄, 인망(人望), 재물운을 나타낸다.

결혼선(結混線)

새끼손가락 밑의 가로선. 일반적으로 두세 가닥인데 혼인 및 가정운을 나타낸다.

재운선(財運線)

수성구에 세로로 난 선. 재운과 사업적 재능을 나타낸다.

건강선(健康線)

월구 위를 비스듬히 긋고 지나간 선. 생명선과 함께 건강운을 관찰하는 선이다.

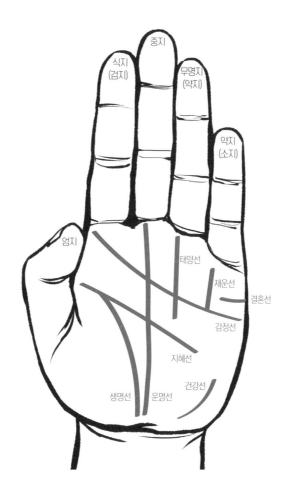

4. 손 둔덕도 관찰해야 한다.

본격적으로 수상의 손금에 대해 얘기하기 전에 반드시 손바닥의 '둔덕 (구)'를 설명해야 한다. 구란 손바닥에 살이 두둑하게 언덕진 곳을 가리킨다. 구를 관찰할 때 단지 한 곳의 구에만 구속되지 말고 전체적인 균형에 주의를 기울여야 한다. 수상에 있어서 구는 손금과 마찬가지로 매우 중요 한 의미를 갖고 있다. 그러면 그들의 이름을 살펴보자.

목성구(木星丘)
식지 바로 밑의 둔덕. 지배, 야심, 명성을 나타낸다.
토성구(土星丘)
중지 바로 밑의 둔덕. 인내와 판단력을 나타낸다.
토성구가 발달한 사람은 참을성(인내력)이 강하다.
태양구(太陽丘)
무명지(약지) 바로 밑의 둔덕. 붙임성, 인망(人望), 예술, 재능 등을 나타낸다.
수성구(水星丘)
새끼손가락 바로 밑의 둔덕.
사업 능력, 표현 능력, 사교 능력을 나타낸다.
제1 화성구(第一火星丘)
목성구 밑의 둔덕. 활력, 경쟁심, 정력을 나타낸다.

제2 화성구(第二火星丘)

수성구 밑의 둔덕.

제1 화성구와 상호대조되는 것으로 자제력과 지위 능력을 나타낸다.

월구(月丘)

왼쪽 손목의 바로 윗부분으로 예술 창작과 애정을 나타낸다.

금성구(金星丘)

엄지손가락 밑 뿌리 둘레로 건강, 수명, 체력을 나타낸다.

화성평원(火星平原)

손바닥 복판 오목하게 내려앉은 부분.

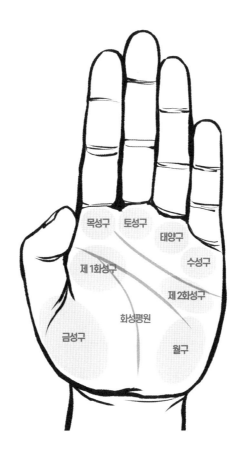

1. 사랑의 스타일을 알 수 있는 손금.

　현재 연인이 있든 없든 누구나 다 자신의 사랑이 맺어지기를 원한다. 손금은 바로 이런 상황을 뚜렷이 나타내 준다. 그러나 중요한 것은 자기 자신의 노력과 마음에 따라 그 결과가 달라질 수 있다는 것이다.

1) 식지와 중지 밑으로 뻗은 감정선 —

　이런 사람은 매우 온유하며 감정이 풍부하다. 연인을 살뜰히 돌보며 진심으로 대하므로 애정이 오랫동안 지속되어 사랑을 키워간다.

2) 식지 밑뿌리까지 뻗어나간 감정선 —

　이런 사람은 감정이 매우 두텁고 넓은 마음으로 상대방을 포용하며 정성을 다해 상대방을 믿어주는 보기 드문 순진한 애정파 이다. 만약 상대방이 제멋대로 행동하는 사람이라 하더라도 말다툼이 일어나지는 않을 것이다.

3) 태양구 아래쪽에서 끊어진 감정선 —

　훌륭한 애인을 가까스로 만났지만 제멋대로 행동하는 바람에 둘 사이의 좋은 관계가 완전히 틀어져 버린다. 이런 유형의 사람들은 만약 자기가 하고 싶은 대로 하지 못하면 상대방을 비난하여 감정을 상하게 만들고 혐오감을 자아내게 한다. 감정선이 수성구 아래쪽에서 끊

어진 경우도 마찬가지이다. 모두가 이기적이고 방자한 탓으로 연애
는 실패하게 된다.

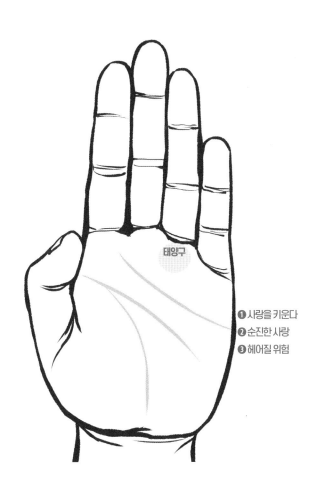

① 사랑을 키운다
② 순진한 사랑
③ 헤어질 위험

2. 이성의 인기있는 손금.

이 세상에는 연애와는 전혀 인연이 없는 사람이 있는가 하면 또 귀찮아질 정도로 이성이 끊임없이 따라다니는, 누구나 부러워하는 사람도 있다.

그런데 그런 사람들을 자세히 살펴보면 뛰어난 용모가 아닌 지극히 평범한 사람들이 많다. 그렇다면 도대체 그의 무엇이 이성의 관심을 끄는 것일까? 그 해답은 손금이 알려줄 것이다.

1) 감정선에서 토성구 쪽으로 올려뻗은 지선 —

만약 감정선에서 토성구 쪽으로 올려뻗은 분지선이 짧더라도 이성의 시선을 끌 수 있는 충분한 매력을 갖고 있다. 명랑하고 사교에 능숙하여 동성(同性)들도 그를 대단히 환영한다.

반대로 지선이 아래로 뻗고 희미한 사람은 이성이 그를 멀리할 것이다. 이런 사람은 사교에 신경을 써서 그 범위를 넓혀야 한다.

2) 태양선 —

이 선을 가진 사람은 행운아이다. 그는 선천적으로 사람들의 사랑을 받는 신비한 힘을 타고났기에 어디든 그가 나타나기만 하면 분위기가 밝아지고 즐겁게 바뀐다. 자기 수양을 잘하여 이 좋은 운수를 헛되게 하지 마라.

3) 토성구와 목성구 사이에서 끝이 세 가닥으로 갈라진 감정선 —

만약 세 가닥이 모두 위로 올려뻗었으면 모든 사람의 환영과 이성의
사랑을 받게 된다.

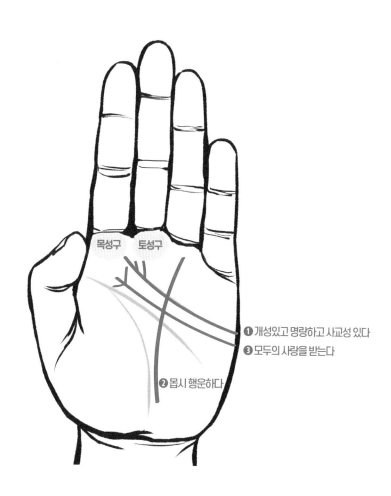

목성구 토성구

❶ 개성있고 명랑하고 사교성 있다
❸ 모두의 사랑을 받는다
❷ 몹시 행운하다

3. 연상의 연인을 사랑하게 되는 손금

인기 여자 연예인이 연하의 남자와 결혼한다고 발표하면 큰 화제를 불러일으킨다. 사랑의 힘이 나이 차이를 뛰어넘어 결실을 맺기 때문에 연하 남성의 사랑을 받는 여인과 연상의 여인을 사랑하게 되는 남자의 손금에는 아래와 같은 특징이 있다.

1) 월구까지 뻗은 지혜선 ―

월구는 사랑의 언덕이다. 지혜선이 월구까지 뻗어나간 사람은 매우 로맨틱하고 환상을 즐기며 보편적인 애정에는 만족을 느끼지 못한다. 그들은 항상 색다른 연애를 기대한다. 인기 있는 여성은 언제까지라도 젊은 남성의 마음을 매료시킨다.

2) 중지 아래에서 무명지 아래까지 이르는 금성띠(金星帶) ―

금성띠는 열정, 성욕, 감수성을 나타낸다. 이런 손금을 가진 여자는 연하인 남자의 사랑을 받게 된다. 그녀는 성적 매력이 강하고 온몸에 색정이 넘쳐 젊은 남자들의 정신을 잃게 만든다. 금성띠가 있고 감정선이 문란한 남자는 세심하며 감수성이 예민하여 연상의 여인을 사랑하게 된다.

❷ 연하남성과 사랑

❶ 자극이 강한
사랑을 원한다

4. 애정 표현 정도를 알 수 있는 손금

　일단, 마음에 드는 사람이 있다면 그다음에는 상대방에게 자기의 마음을 알리는 것이 가장 중요하다. 제아무리 상대방을 죽도록 사랑한다 해도 자신의 애정을 제대로 표현하지 못한다면 그 사랑은 성공할 수 없다. 자신의 손금을 보고 사랑법을 만들어 보라.

1) 생명선과 떨어져서 시작된 지혜선 —
　　남의 속마음을 재빨리 간파하고, 사랑법의 전략에 능숙하여 열정이 넘치는 연애편지로 상대방을 매료시켜 사로잡는 재능이 있다.

2) 끝이 두 가닥으로 갈라진 감정선 —
　　감정선의 끝이 두 가닥으로 갈라진 사람은 이성에 관심이 많으며 쉽게 사랑에 빠진다. 그러나 함부로 열정을 낭비하는 사람은 아니다. 상대방을 지극 정성으로 보살펴 줌으로써 자연히 상대방의 사랑을 받게 된다. 상대방을 흥분시키는 말 재주가 있고 분위기 조성에 능숙하기 때문에 사랑에 있어서 성공률이 상당히 높다.

3) 원둘레각이 작으며 식지와 중지 사이에서 끊어진 감정선 —
　　감정선이 짧지는 않으나 원둘레각이 작으면 항상 자신을 억제하고 감정 표현에 어눌한 유형이다. 이런 사람은 소심하고 수줍음이 많으며 애정 표현에 능숙하지 못하여 기교를 사용하지 않으면 애인을 놓쳐 버리게 된다.

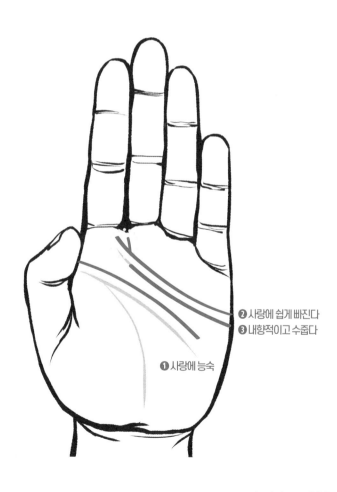

❷ 사랑에 쉽게 빠진다
❸ 내향적이고 수줍다

❶ 사랑에 능숙

5. 사랑에 쉽게 빠지는 손금

평상시에는 매우 침착하고 온순하던 사람이 갑자기 활발해지고 정욕이 생기게 되는 등…… 사랑의 마력은 대단하다. 사랑의 늪에 빠진 당신은 어떻게 자신의 애정을 펼치려 하는가.

1) 지나치게 긴 감정선 —

감정선의 길이는 애정의 깊이를 나타낸다. 만약 손바닥의 한쪽 끝에서 다른 쪽 끝까지 뻗은 유별나게 긴 감정선을 가진 사람은 애정 표현이 지나칠 것이다. 그런 사람은 연인이 다른 이성과 마주 서서 이야기만 나눠도 질투를 하고 또 상대방이 사랑을 확신하지 못한다면 극도로 불안해한다.

그러나 그럴수록 상대방을 불쌍하게 만들고 애정도 서서히 서먹서먹해져 결국에는 막다른 곳까지 이르고 만다. 반대로 감정선이 유별나게 짧은 사람은 종종 냉정하고 이기적이어서 애정 전선에 나쁜 영향을 미치게 된다.

2) 토성구에까지 뻗은 감정선 —

그 길이가 표준에 가깝기에 감정이 냉담하지는 않지만 너무도 제멋대로이기 때문에 상대방이 지치고 만다. 또 히스테릭하고 시샘이 강하여 상대방의 일거수일투족을 일일이 캐묻는다. 그러나 그 자신은 오히려 애정에 충실하지 않으며 일단 상대방에게 싫증을 느끼면 냉정하게 돌아서 버린다.

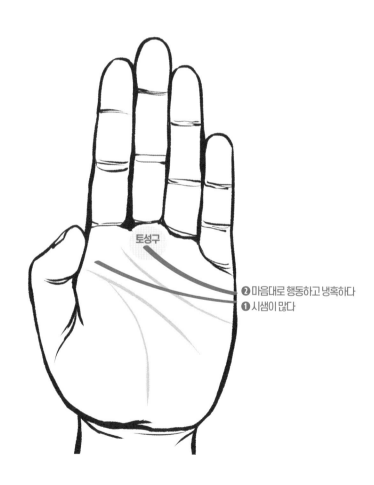

토성구

❷마음대로 행동하고 냉혹하다
❶시샘이 많다

6. 사랑이 끝나는 손금

　사랑이 얼마나 깊던지 간에 그 사랑의 미래는 알 수가 없다. 뜻밖의 문제로 쓰라린 이별을 할 수도 있으니 말이다. 온갖 시련을 이겨내고 더 깊은 애정으로 키워가든지, 아니면 새로운 연인을 다시 찾든지, 이 모든 것은 자기 자신이 선택해야 한다.

1) 토성구 밑에서 중단된 감정선 —
　서로 마음도 맞고 열렬히 사랑하지만 어쩐지 비참한 파멸의 예감이 항상 떠나지 않는다. 결국에는 '친구처럼 지내자'거나 서로 원수가 되는 불행한 비극을 맞게 된다.

2) 섬 무늬가 있는 감정선 —
　어제까지만 해도 딱 붙어 지내던 사이가 아주 작은 일로 헤어지고 만다.

3) 여러 지선이 아래로 뻗은 감정선 —
　이런 손금을 가졌다면 그 사랑은 너무 일방적이어서 오래 지속되지 못한다.

4) 짧은 선에 의해 끝이 막혀버린 감정선 ─

질병이나 사망 등으로 인해 사랑이 불행하게 끝난다.

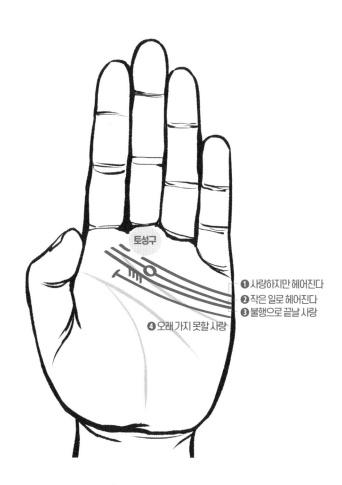

토성구

❶ 사랑하지만 헤어진다
❷ 작은 일로 헤어진다
❸ 불행으로 끝날 사랑
❹ 오래 가지 못할 사랑

7. 자유분방한 손금

만약 당신의 애인이 구속을 싫어하고 자유를 즐기는 사람이라면 당신은 하루하루를 불안과 고통으로 속 태울 것이다. 당신의 손이나 애인의 손에 이에 해당하는 손금은 없는지 살펴볼 일이다.

1) 여러 개의 금성띠 —
   여러 개의 금성띠가 있고 지혜선이 뚜렷하지 못하다면 한 명의 이성으로는 만족을 느끼지 못한다. 그러므로 연애 상대가 여러 명 있지만 서로의 관계를 원만히 처리할 줄 아는 재능 또한 있다.

2) 쇠사슬 모양인 감정선 —
   이런 손금을 지닌 사람은 일시적 충동대로 경솔하게 행동한다. 상상을 잘하며 새로운 이성을 따르며 항상 첫눈에 반해 버린다. 의외인 것은 이런 손금을 가진 사람은 여성이 남성보다 더 많다.

3) 끝이 여러 토막으로 끊어진 감정선 —
   사랑의 열정이 수시로 변하며 연애 상대도 항상 변한다.

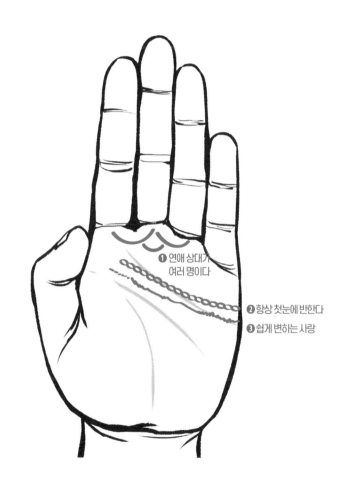

❶ 연애 상대가
여러 명이다

❷ 항상 첫눈에 반한다

❸ 쉽게 변하는 사랑

8. 성 학대나 변태의 손금

이 세상에는 수많은 형태의 애정이 있다. 어떤 것을 정상이라고 하고 어떤 것을 비정상이라 할 수 있는가? 문란하게 성생활을 즐기는 사람은 정상적인 성 관념을 가진 사람과 조화롭게 어울릴 수 없다. 비정상적인 손금을 몇 개 알아보도록 하자.

1) 아래로 굽어진 쇠사슬 모양의 감정선 —

여러 가지 변태적인 요소를 갖고 있으므로 각별히 주의해야 한다. 만약 성격이 내성적이라면 성범죄로 발전할 수 있다. 이런 손금을 가진데다 또 손끝이 굵고 짤막하면 변태성이 점점 더 짙어진다. 그러나 자신의 굳건한 의지와 주변 사람들의 따뜻한 보살핌으로 그것을 예방할 수 있다.

2) 감정선의 지선이 지혜선까지 뻗고 그곳에 또 분지선이 생긴 손금 —

대부분의 동성연애자가 이러한 손금을 가지고 있으며 현재 증가 추세를 보이고 있다.

3) 갈라졌던 지선이 돌아와 다시 원선과 합해진 감정선 —

이는 13~14세 되는 소년이 성범죄를 저지를 손금이다. 올바로 가르치기 어려운 나이이므로 사회와 성인들의 관심이 필요하다.

❶ 변태적 사랑
❸ 소년 범죄형
❷ 동성연애형

9. 성욕이 강한 손금

애정이나 결혼생활에서 성(性)은 중요한 요소이다. 자신에게 어떠한 성생활이 펼쳐질 것이며 어느 정도의 성적 기능이 구비되어 있는지 판단하기는 매우 어려운 문제이다. 이 모든 것을 손금에서 알아볼 수 있다.

1) 이중의 감정선 —

이중 감정선을 가진 사람은 비교적 드물다. 이런 사람의 사랑은 깊고 두터우며 정력이 넘친다. 그중에도 남성은 도량이 넓어 항상 너그럽게 남을 대하며 체력도 왕성하여 여성을 힘 있게 사랑한다. 그는 정력이 좋아 사업도 잘하고 사회적 명망도 높다. 이런 남성의 사랑을 받는 여성은 참으로 행복할 것이다.

2) 풍만한 금성띠 —

감정선 위쪽에 있는 반원형의 선을 금성띠라 한다. 금성띠가 강하고 뚜렷한 사람은 감정도 매우 풍부하고 이성도 잘 이끈다. 성욕도 몹시 왕성하여 이성과 원만한 관계를 맺는다. 만약 우수한 지혜선까지 가졌으면 예술적인 재능이 훌륭히 발휘될 것이다. 반대로 지혜선이 빈약하다면 이는 단순히 여색을 즐기는 손금에 지나지 않는다.

3) 기점이 빗자루처럼 생긴 감정선 —

정력이 넘쳐흐르고 성욕이 강렬하며 지구력도 있다. 만약 금성구가 살찌고 잔금이 가로세로 가득하면 성생활도 매우 풍부하다.

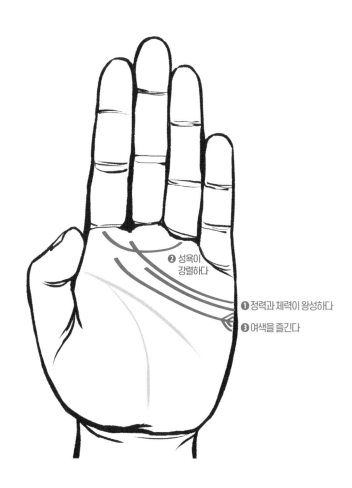

❷ 성욕이 강렬하다

❶ 정력과 체력이 왕성하다

❸ 여색을 즐긴다

10. 성생활에 심취하는 손금

성생활은 부부의 정을 교류하는 중요한 방식이다. 그러나 그것에 너무 열중하여 일상생활을 방해받는다면 좋지 못하다. 어떤 사람은 성생활을 장난처럼 여기는데, 정신과 육체의 결합만이 충실한 성생활임을 알지 못한다.

1) 지혜선 중심에까지 뻗은 짧은 감정선 —

상대방을 존경할 줄 모를 뿐 아니라 고상한 사랑도 알지 못한다. 이성에게 접근하는 목적은 단지 성교일 뿐이고 이성을 완전히 자신의 성 욕을 만족시키는 도구로 삼고 있다.

2) 쇠사슬 모양으로 낮은 위치에 있는 감정선 —

감정선의 기점이 표준보다 낮은 지역에 있고 동시에 쇠사슬 모양인 사람은 완전히 성생활을 즐기기 위해 태어난 사람이다. 그가 생각하고 있는 것은 오직 더 많은 이성을 어떻게 유혹할 것인가 하는 것이다.

3) 식지와 중지 손샅에 이르고 몇 가닥 세로선이 생긴 감정선 —

이런 유형의 사람은 도덕적인 관념이 결핍되어 상식에서 벗어난 성생활을 쉽게 한다.

4) 짧막한 감정선 —

　　감정선이 짧아 겨우 중지 부근에 이르는 데다가 손까지 포동 포동하
고 부드러우면 애정을 장난처럼 치부하고 단순한 사랑의 놀음으로
삼는다.

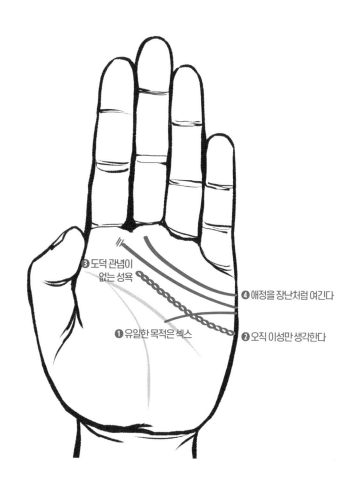

❸ 도덕 관념이
　 없는 성욕

❹ 애정을 장난처럼 여긴다

❶ 유일한 목적은 섹스

❷ 오직 이성만 생각한다

1. 중매인지 연애 결혼인지
알 수 있는 손금

　연애결혼보다 중매결혼을 더 선호하는 사람들이 있다. 그러나 연애 후에 가정을 이루든지 결혼 후에 천천히 애정을 키우든지 이 모든 것이 손 금에 나타나 있다.

1) 좌우 위치가 동일하고 뚜렷한 결혼선 —
　좌우 두 손의 동일한 위치에 뚜렷하게 혼인선이 있으면 매우 훌륭한 배필이 나타나 달콤한 연애 후에 가정을 이루고 결혼 후에도 사랑이 식지 않아 백년해로하게 된다.

2) 뚜렷한 혼인선과 포동포동한 월구 —
　길고 뚜렷한 혼인선이 있는 데다 포동 포동 하게 살찐 월구로 향한 사람은 뛰어난 배필과 연애를 하여 행복한 가정을 이루게 된다. 반대 로 혼인선도 희미하고 월구도 살찌지 않은 사람은 종종 이성과 인연 이 없다. 성격이나 용모도 관계가 있지만 이성과 만날 기회가 적은 것도 한 가지 이유라고 할 수 있다. 애써 자신의 수준을 높이기만 한 다면 친척과 직장 상사가 당신에게 좋은 연분을 맺어 줄 것이다.

3) 손목 중심으로 하강한 지혜선 —

이런 유형의 사람은 대개 성격이 괴팍하고 이성에 대해 겁이 많으며 소극적이다. 때문에 주변 사람들의 협조가 필요하다.

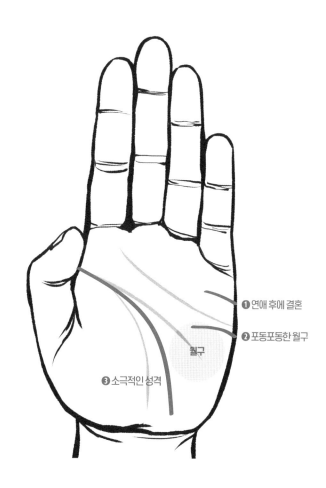

❶ 연애 후에 결혼

❷ 포동포동한 월구

월구

❸ 소극적인 성격

2. 결혼생활이 행복할 손금

　어느 누구나 행복한 결혼생활을 원한다. 만약 당신의 손에 이런 손금이 있다면 부부가 복을 소중히 여기고 행복한 살림을 힘써 아끼며 키워나가면 된다.

1) 태양선을 향해 상승하거나 태양선과 합쳐진 혼인선 ―

　혼인선이 상승하다가 태양선과 합쳐지기까지 했으면 그야말로 대단히 좋은 손금이다. 모든 사람이 염원하는 아름다운 혼인을 할 손금이다. 여자는 돈 많은 기업가이며 군자인 사람을 만나게 되고 남자는 어여쁜 사업가 딸과 결혼하여 미래가 훤히 펼쳐질 것이다.

2) 비스듬하게 상승한 결혼선 ―

　혼인선이 서서히 호선(弧線)을 그리며 상승하였다면 흥미와 가치 관념이 서로 맞는 사람을 만나 결혼한 후에도 화목한 관계를 유지하게 된다. 상대방도 이런 손금이라면 그 이상 더 좋은 일이 없을 것이다.

3) 지선이 태양선까지 이른 결혼선 ―

　결혼 후에 더욱 깊은 경의와 애정이 있다.

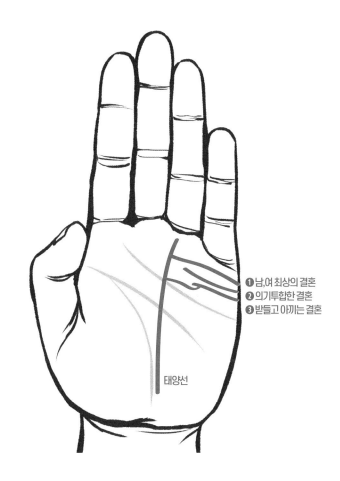

❶ 남,여 최상의 결혼
❷ 의기투합한 결혼
❸ 받들고 아끼는 결혼

태양선

3. 결혼 과정이 순탄치 않을 손금

"현실은 소설보다 더 리얼하다."라고 사람들은 말한다. 인생은 한 편의 연극과 같다. 만약 당신에게 이런 손금이 있다면 당신은 곧 극 중의 남자나 여주인공처럼 결혼생활이 결코 평범하지 않을 것이다.

1) 길이와 굵기가 같은 평행 결혼선 —

같은 혼인선이 두 가닥이면 두 번 결혼을 한다. 새끼손가락의 가로선이 두 상대자에게 이른다. 첫 번째 결혼이 반드시 원망 속에 이루어지 는 것은 아니지만, 두 번째 결혼은 매우 행복할 것이다. 그야말로 사람들이 부러워할 결혼이다.

2) 기점이 두 가닥인 결혼선 —

마치 애정 드라마처럼 온갖 시련을 겪은 다음에야 결혼을 하게 된다. 모진 시련을 겪고 이루어진 결혼이기에 그 감정이 매우 짙다.

3) 혼인선에서 갈라져 나온 가는 지선이 토성구의 십자와 이어진 손금 —

배우자가 늘 의심쩍어 보이고 심지어 죽이고 싶은 마음까지 생긴다.

4) 하강하여 감정선과 만난 결혼선 —

사랑하던 사람과 영원히 이별, 즉 사별을 하게 된다.

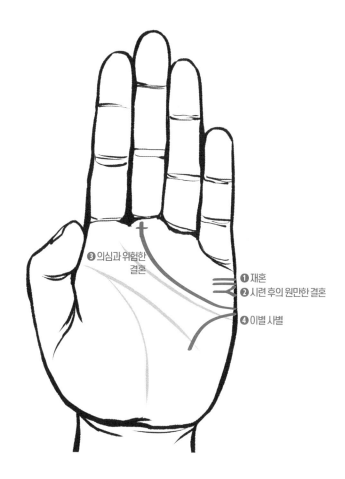

❸ 의심과 위험한
결혼

❶ 재혼
❷ 시련 후의 원만한 결혼

❹ 이별 사별

결혼 운

4. 숨겨둔 애인이 있는 손금

　'여색을 찾아다니는 것은 남자의 천성이다.'라는 옛말도 있지만 지금은 여자들도 고독을 참아내지 못한다. 그러나 절제하지 못한다면 마치 정치가가 여색으로 전도를 망치듯이 비참한 경험을 하게 된다.

1) 가는 평행선이 달린 결혼선 ―
　혼인선 곁에 평행으로 가늘디 가는 선이 있는 사람은 자신의 배필 이외의 다른 이성을 좋아하여 보통 육체적인 관계까지 갖게 된다. 가는 평행선이 혼인선 위쪽에 있든 아래에 있든 다 마찬가지이다.

2) 여러 가닥의 결혼선 ―
　보통 혼인선이 여러 가닥이 있기는 하지만 다섯 가닥 이상인 사람은 결혼 후에도 이성에 대해 관심을 기울여 약간의 말썽을 일으키곤 한다. 만약 그 여러 가닥의 혼인선 중에 특히 굵고 긴 것이 있다면, 많은 이성 중에 특별히 사랑하는 한 사람이 있어 바람 같은 마음을 잡게 된다. 그러나 모든 선의 길이가 똑같으면 평생토록 들뜬 마음으로 지낼 것이다.

3) 아래, 위쪽 반대 방향으로 굽어진 두 가닥의 결혼선 ―
　배우자에 대한 애정이 있지만 다른 이성의 유혹을 받아 두 사람을 동시에 사랑하게 된다. 만약 태도를 명확히 하지 않으면 두 사람을 모두 놓치게 된다.

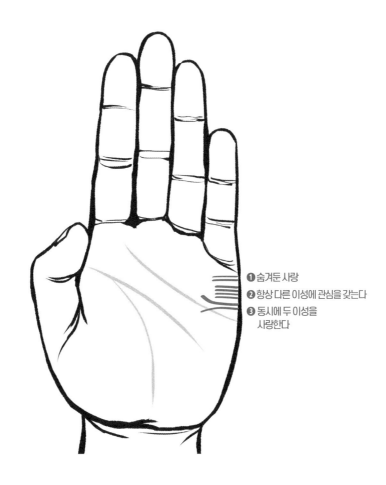

❶ 숨겨둔 사랑
❷ 항상 다른 이성에 관심을 갖는다
❸ 동시에 두 이성을
  사랑한다

5. 성격이 맞지 않아 별거, 이혼할 손금

　오랜 결혼 생활 중에서 때로는 불만으로 또는 서로의 속마음을 알아채지 못해 가정의 위기가 조성된다. 그러나 대부분은 대화를 통해 서로의 이해가 깊어지면서 위기가 사라진다. 그럼에도 불구하고 어떤 사람들은 별 거하거나 이혼의 길로 접어든다.

1) 끝이 갈라진 결혼선 ―
　이는 모종의 연고로 헤어지거나 또는 한 집에 살며 겉으로는 친한 것 같지만 사실은 소원한 손금이다. 만약 사업상의 필요로, 또는 질병 때문에 부득이 별거한 것이라면 괜찮지만 대부분 가정불화로 인해 끝내 헤어지게 된다. 손금에서 갈라진 선이 아래로 향하고 굵을수록 이혼할 가능성이 더 크다.

2) 끝에 섬 무늬가 있는 결혼선 ―
　섬 무늬가 선의 어느 곳에 있든 불길한 징조를 나타낸다. 끝에 있으면 별거를 상징하므로 예방을 하지 않으면 나쁜 결과를 초래한다.

3) 뱀 모양의 결혼선 ―
　이런 손금을 가진 사람은 결혼의 기초부터 잘못되어 있기 때문에 신혼 기간에 불만이나 성격이 맞지 않아 서로의 감정이 상한다.

이런 결혼은 원상 복구하기가 매우 어려워 결국에는 이혼하는 비율이 높다

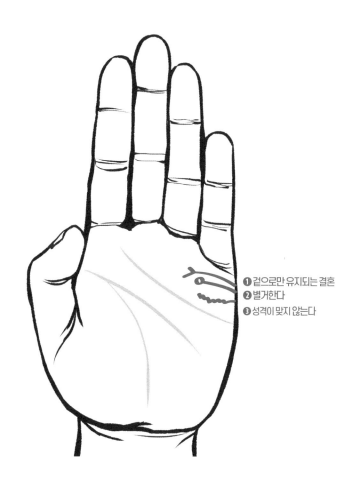

❶겉으로만 유지되는 결혼
❷별거한다
❸성격이 맞지 않는다

6. 쇼 윈도우 부부 손금

부부의 권태기는 보통 3년, 5년, 7년 주기로 발생한다. 그러나 시간이 흐를수록 부부간의 사랑도 깊어지는 예 또한 적지 않다. 때문에 무턱대고 상대방만 원망하지 말고 자기 자신도 노력을 해야 한다.

1) 중간에 끊어진 혼인선 —
초기에는 결혼생활이 무척 행복하다. 그러다가 시간이 지난 후에는 점점 상대방을 보기만 해도 신물이 나서 사랑이 시들어 말라 버린다.

2) 중간에 섬 무늬가 있는 혼인선 —
부부 사이에 아주 큰 불화가 생기게 된다. 만약 잘 처리하지 않으면 별거할 가능성이 매우 크다.

3) 하강 지선이 여러 가닥인 혼인선 —
배우자가 너무 담담하거나, 신체가 약해 도무지 친밀해질 기회가 없어서 적적한 느낌만 더한다. 심지어 결혼생활에 의문이 생기게 된다.

4) 끝이 빗자루 모양처럼 생긴 혼인선 —
항상 제멋대로 행동하기에 상대방에게 불쾌감을 준다.
그 결과 사랑이 점점 식어 버린다.

5) 하강하는 혼인선 ──

부부의 권태감을 나타내는 손금이다.

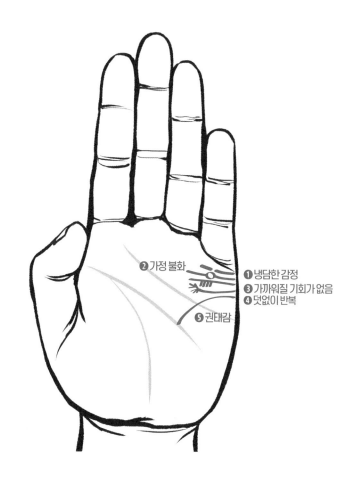

② 가정 불화
① 냉담한 감정
③ 가까워질 기회가 없음
④ 덧없이 반복
⑤ 권태감

7. 모든 사람을 사랑하거나,
    사랑을 받는 손금

누구나 다른 사람들의 축복을 받으며 행복한 결혼생활을 영위하기를 바란다. 그렇지만 행복 속에도 때로는 그늘이 있기 마련이다. 만약 당신의 손에서 이런 손금을 발견했다면 곧 그런 요인이 있는 것이다.

1) 금성띠와 만나는 결혼선 ―

금성띠가 매우 뚜렷하고 또 혼인선과 만났다면 성욕이 매우 강하고 대단히 열정적인 사람이다. 만약 남자가 이런 손금을 가졌으면 아내 한 명으로는 만족을 못 하고 2~3명, 심지어 더 많은 정부를 거느리게 된다. 만약 여자가 이런 손금을 가졌다면 수많은 연애를 하고 결혼한 후에도 마음속의 연인은 따로 존재하게 된다.

2) 서로 가까이에 있는 두 가닥의 결혼선 ―

서로 근접한 두 가닥의 선은 마치 딱 붙어 서 있는 두 사람처럼 이미 배우자가 있는 사람과 매우 쉽게 연애를 하거나 자신의 배우자가 아닌 다른 사람과 접촉하게 된다. 그리고 이런 손금은 결혼 후에도 옛사랑을 못 잊는 사람에게서 볼 수 있다.

3) 2중 금성띠 ―

중지의 아래쪽에 반원 형태의 금성띠가 뚜렷하고 또 하나의 금성띠가 있으면 이성에게 접근하기를 좋아하며 여색을 즐긴다.

자신의 결혼생활에 충실하지 않으며 다른 사람과 정식으로 결혼을 하지 않고 가까이 지낸다.

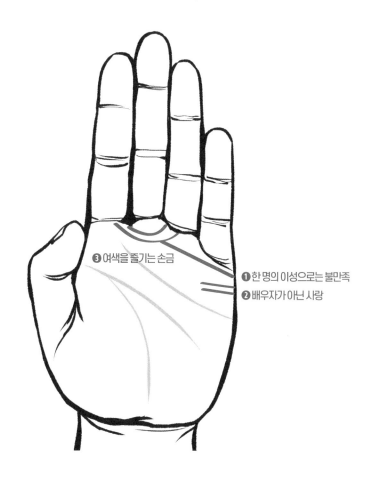

❸ 여색을 즐기는 손금

❶ 한 명의 이성으로는 불만족

❷ 배우자가 아닌 사랑

8. 시댁과 사이가 좋지 않은 손금

두 남녀가 연애를 하는 동안 친구나 부모의 반대 등 여러 가지 장애에 부딪칠 수 있으며 또 이런 장애를 이겨내고 결혼했다 하더라도 상대방 식구와 불화를 겪는 등 골치 아픈 일들에 부대낄 수 있다.

1) 금성구에서 시작된 선과 만나는 결혼선 ─

이는 당신 자신의 가족이나 연인의 가족이 결혼을 결사적으로 반대할 손금이다. 물론 꾸준한 노력으로 결혼이 이루어졌다 하더라도 결혼 후에 어떤 사고가 생길 것이다.

2) 짧은 세로선에 의해 끊어진 결혼선 ─

이 역시 친척이나 주위 사람들이 당신의 결혼을 반대할 손금이다. 만약 혼인선이 뚜렷하면 반대를 물리치고 사랑을 이루게 되지만 혼인선이 희미하고 아래로 내려갔다면 결혼을 포기해야 한다.

3) 반점이 있는 결혼선 ─

부부 생활에 항상 분쟁이 생긴다. 대부분 시어머니와 며느리의 불화로 인해 생기는 것이므로 서로 이해하고 상대방을 더욱 세심하게 보살펴 주어야 한다.

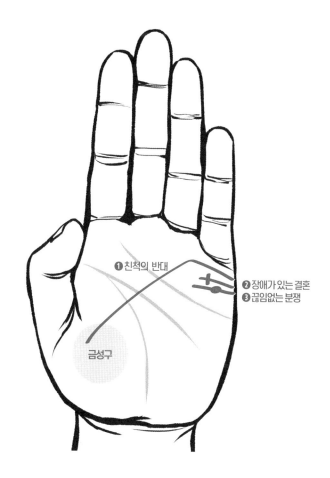

❶친척의 반대

❷장애가 있는 결혼
❸끊임없는 분쟁

금성구

9. 독신으로 살 손금

결혼보다 자신의 일을 더 소중하게 생각하는 여성이 점점 늘고 있다. 이에 따라 결혼하고 싶어도 배우자를 찾지 못하는 남성도 역시 늘고 있다. 어느 때 결혼하는 것이 가장 적절한지는 바로 자기 자신이 결정해야 할 사항이다. 당신의 결혼 관념을 소중히 하라.

1) 끝이 올라간 결혼선 ―

이는 결혼할 인연이 없거나 결혼할 생각을 안 하는 손금이다. 한 사람이 매우 큰 포부를 품고 사업에 몰두할 때 이런 손금이 생긴다. 그렇기 때문에 흔히 신부, 목사, 승려의 손에서 이런 손금을 볼 수 있다. 만약 기혼자의 손에 이런 손금이 있으면 사업이나 질병으로 인해 부부가 헤어지게 된다.

2) 사다리 무늬가 있는 결혼선 ―

보통 독신 여성의 손에서 볼 수 있는데 이는 결혼 조건이 아직 성숙되지 않았으며 적어도 일 년 이내에는 결혼하지 못할 것을 의미한다. 그러나 이런 손금을 가진 사람은 이성의 환영을 받아 각종 유혹의 대상이 된다. 일단 자신의 이상에 맞는 상대자가 나타나기만 하면 사다리 무늬는 점점 사라지고 한 줄의 뚜렷한 혼인선으로 변해 버린다.

3) 짧은 세로선에 의해 끝이 잘린 결혼선 ―

항상 좋은 연분을 만나는 듯하지만 높은 것을 바라볼 수 없고 낮은
것은 눈에 차지 않을 것이다. 서두르지 말고 조금 더 기다려 보라.

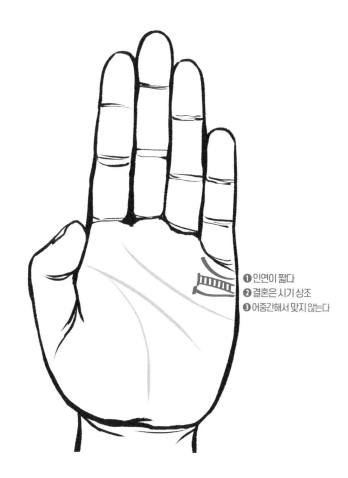

❶ 인연이 짧다
❷ 결혼은 시기 상조
❸ 어중간해서 맞지 않는다

10. 부부가 맞벌이하고
부인이 진취적인 손금

    결혼한 후에 여자는 맞벌이를 할 수도 있고 가정 살림만 할 수도 있다. 당신에게는 어느 쪽이 더 잘 맞는가? 결혼 후에 어떤 생활을 할 것인지는 매우 중요한 문제이다. 자신의 성격을 잘 살펴보고 그에 적합한 계획을 세워라.

1) 새끼손가락 밑에서 끝이 올라간 결혼선 ─

    이런 손금을 가진 여성은 정력이 넘쳐흘러, 사회생활을 하지 않은 채 가정에만 묻혀 산다는 것은 지나친 낭비이다. 결혼을 하지 않은 채 모든 정력을 사업에 기울이는 것이 좋겠지만 사랑하는 사람 곁에 서 즐거운 나날을 보내는 것이 모든 사람들의 염원이므로 왕성한 정력과 재능을 잘 이용하여 가정도 사회생활도 조화롭게 꾸려 나가야 한다.

2) 강력한 운명선과 지혜선 ─

    이 두 선이 다 혼란하지 않고 뚜렷하며 힘 있어 보일 때는 사업 능력이 남자보다 더 강함을 의미하며 절대 가정에 갇혀 지낼 수 없다. 여성일지라도 진취적인 실력을 갖고 있다.

3) 한 줄의 뚜렷한 결혼선 —

혼인선은 보통 두세 가닥인데 만약 혼인선이 뚜렷하고 분명하게 한 줄밖에 없는 사람은 남녀를 막론하고 가정을 최우선으로 여긴다. 남성에게 이런 손금이 있으면 아내의 말을 경청하여 화목한 가정을 꾸려 나간다.

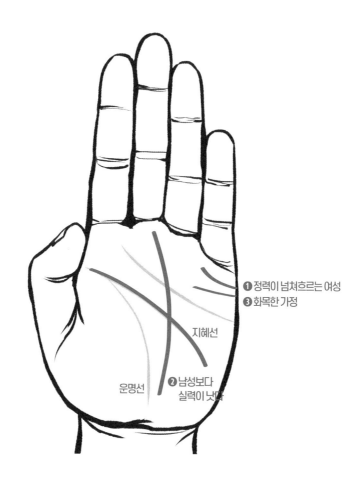

❶ 정력이 넘쳐흐르는 여성
❸ 화목한 가정

지혜선

운명선   ❷ 남성보다
실력이 낫다

1. 거부가 될 손금

돈이 아무리 많다 해도 그것을 거부하는 사람은 단 한 명도 없을 것이다. 아래 여러 가지 손금을 가진 사람은 돈복이 있는 사람이다. 정말로 누구나 부러워할 운수인 것이다.

1) 운명선, 태양선, 재운선이 한 곳으로 합쳐졌다가 위쪽으로 뻗은 손금 —
   세 가닥의 선이 굵고 혼란하지 않으면, 재물 복이 아주 많아 대단한 거부가 될 손금이다. 이 세 가닥의 강력한 재물선의 보호를 받는다면 그 어떤 일을 해도 최정상에 도달할 수 있다. 이것은 제일 좋은 손금이다.

2) 두 가닥의 지혜선 —
   지혜선이 강력하고 또 뚜렷하게 두 줄이라면 그 자신의 재능과 영감으로 큰돈을 벌 수 있다. 만약 돈을 물쓰듯 하지 않고 계산을 잘 하는 사람이라면 그는 곧 지성과 교양을 갖춘 우아하고 유머러스한 사람이다.

3) 지혜선에서 시작된 재운선 —
   이런 손금을 가진 사람은 감성이 뛰어나고 시대의 첨단에 서서 끊임없는 창의성을 발휘한다. 독창적인 기업을 일구어 사회를 이끌며 재산을 쌓을 사람이다.

4) 손바닥을 한쪽 끝에서 다른쪽 끝으로 완전히 가로질러 그은 지혜선 ─

이런 형태의 선은 '재산을 모은다'는 뜻에서 축재선(聚財線)이라 한다. 역대의 유명한 인물들 중 이런 손금을 가진 사람은 적지 않다. 이 선을 또 '무엇이든 한 번 손에 쥐면 놓지 않는다'는 뜻에서 백악지상(百握之相)이라고도 한다. 이런 사람은 매우 탐욕스럽고 또 이익이 생기면 매우 좋아한다. 이들은 돈모으는 방면에서 뛰어난 재능을 가지고 있다.

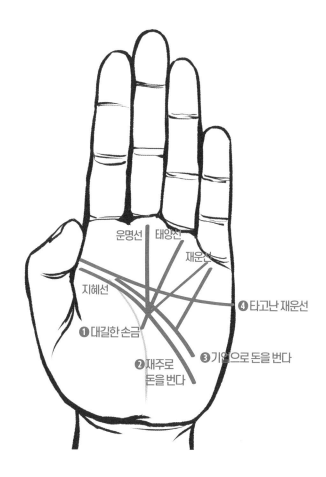

2. 사업에 재능이 뛰어난 손금

한 사람의 사업적 재능이 어떤지를 알려면 그의 수성구가 두드러진 정도와 지혜선의 상태를 보면 알 수 있다. 그리고 새끼손가락이 긴 사람도 장사를 잘 한다.

1) 운명선에서 시작된 재운선 —
운명선, 재물선이 모두 강력하고 뚜렷한 사람은 장사를 하면 돈을 벌수 있다. 회사원이 되기보다는 독자적으로 사업을 하는 것이 돈도 더 많이 벌 수 있고 일생이 더 순조로울 것이다.

2) 끝이 갈라져 상승한 지혜선 —
사교에 재주가 있고 일처리에 능숙한 데다가 점잖고 세련된 화술까지 갖추어 세일즈맨이나 영업 직원이 된다면 수입도 많고 자신의 능력도 충분히 발휘할 것이다. 만약 독자적으로 사업을 하더라도 역시 성공할 수 있다.

3) 지혜선이 중지 아래쪽에서 두 가닥으로 갈라져 하나는 곧게, 다른 하나는 월구에까지 뻗어나간 손금 —
영업적 능력이 뛰어난 데다가 비법까지 터득하였고 예술 방면의 재능까지 겸비하고 있으므로 설계사나 인테리어 등의 사업을 선택하면 성공할 수 있다.

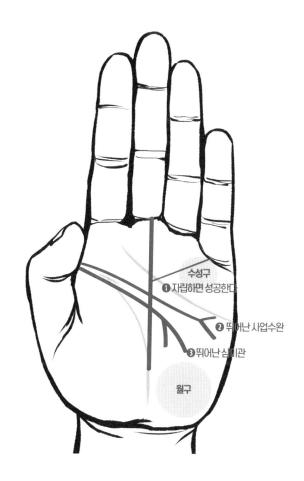

수성구

❶ 자립하면 성공한다

❷ 뛰어난 사업수완

❸ 뛰어난 심미관

월구

3. 근검절약으로 부자가 될 손금

보통 사람이 돈을 좀 모으려면 일생 동안 조금씩 아끼면서 한 푼 두 푼 모으는 방법밖에는 없다. 그러자면 의식주에서 절약을 할 수밖에 없다. 당신은 그렇게 절약할 수 있는가?

1) 생명선과 지혜선이 한 곳에서 출발하여 식지, 중지 사이의 아래쪽으로 향하는 손금 —

매우 신중하고 절대로 모험을 하지 않으며 착실하게 한 푼 한 푼씩 모으는 사람이다. 일단 목표를 정한 다음에는 하나하나 착실하게 그 목표를 향해 나아가는 노력하는 유형이다.

2) 생명선과 지혜선이 식지 아래쪽으로 향하는 손금 —

설사 어느 정도 성공을 거두었다 하더라도 절대 만족하지 않고 더욱 더 노력하여 재산을 더 많이 모으는 사람이다. 진취적인 성향이 강하여 다른 사람은 쉬어도 그는 열심히 사업이나 공부를 한다.

3) 화성평원에서 출발한 태양선 —

태양선만 있으면 마치 아무 고생을 하지 않고도 행운이 생길 듯하지만 태양선의 기점이 화성평원에 있을 때 그리고 호형이 크면 수많은 파란곡절을 겪어야만 성공과 재산을 얻게 된다.

즉 부단히 노력해야 할 유형이다. 비록 애로는 많았지만 성공 후의 기쁨도 그만큼 크다.

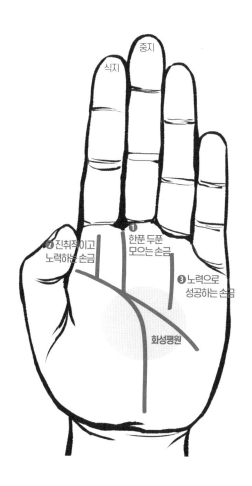

4. 인맥으로 부자가 될 손금

　좋은 인맥이 있으려면 살찐 월구와 월구에서 출발한 태양선과 운명선 이 있어야 한다. 이 모든 조건을 갖추었다면 지극히 평범하던 사람이 뜻밖에 인기 배우가 되어 많은 재산을 모을 수도 있다. 만약 당신에게도 이런 손금이 있다면 장차 유명 연예인도 될 수도 있을 것이다.

1) 월구에서 출발한 태양선 —
　명랑하고 감성이 풍부하여 대중의 사랑과 지지를 받는다. 보통 연예
　인들에게서 이런 손금을 볼 수 있다. 그러나 당사자의 노력과 재능에
　의한 것이라기보다는 주위 사람들의 추대와 원조 때문이라고 하는
　것이 적당할 것이다.
　연줄이 비약하면 돈복도 따라 오르게 된다.

2) 두 갈래로 시작된 태양선 —
　사업을 시작할 때 돈 많은 사람이 나서서 도와주거나 은행이 대출을
　해주어 자금 걱정이 없을 것이다. 이 역시 당사자의 인격의 표현이
　다. 인간관계를 이용하는 사업을 선택하면 부자가 될 수 있다.

3) 월구에서 출발한 운명선 —
　착실하게 노력하는 유형이다. 그러나 노력의 보람은 별로 없고 주위

사람들의 도움이 커서 노력으로는 얻지 못할 몇 배의 재산을 모으게 된다.

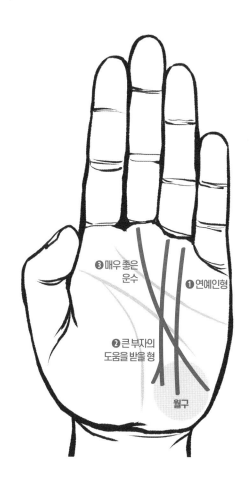

5. 도박으로 부자가 될 손금

고생을 하지 않고 큰돈을 버는 방법은 없을까? 이는 모든 사람이 바라는 바일 것이다. 비록 세상에는 일하지 않고 얻는 일은 없다 하더라도 거액의 돈을 걸고 도박하여 한 번에 대부옹이 된 행운아도 있다.

1) 수성구와 태양구 사이에 있는 재물선 —

무일푼인 사람이 하룻밤 사이에 큰 부자가 될 도박꾼의 손금이다. 그러나 비록 돈이 쏟아지듯 들어왔지만 며칠 못 가서 물 쓰듯 다 써버려 다시 무일푼이 되고 만다.

2) 생명선과 지혜선의 두 기점 사이가 3, 4mm인 손금 —

시기를 잘 타고 적극적이며 대담하여 중요한 길목에서 승부를 내어 뭉칫 돈을 벌게 된다.

3) 생명선과 지혜선의 두 기점 사이가 5mm 이상인 손금 —

이런 사람은 기회를 틈타 교묘하게 이득 취하기를 좋아한다. 동시에 경계심이 없고 덤벙대는 사람이다. 때문에 성공하면 벼락부자이고 실패하면 가난뱅이라 늘 빈부의 극과 극 생활을 하게 된다.

4) 중지 아래쪽에서 지혜선이 생명선에서 갈라지는 손금 ─

위의 3)과 정반대로 너무나 세심하고 신중하며 대담성이 전혀 없어
수많은 좋은 기회를 다 놓쳐 버려 한평생 돈과는 인연이 없는 사람
이다.

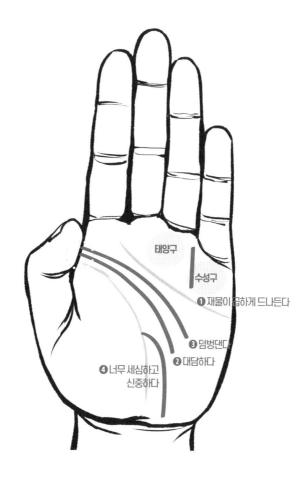

6. 부동산 운이 좋은 손금

부동산을 구입하려면 먼저 자신의 운수를 살펴 가장 적합한 시기에 결 정을 내리는 것이 좋다. 자신의 부동산 운이 어떤가를 손금으로 알아 볼 수 있다.

1) 월구 옆에서 짧은 선이 올라와 운명선에 합쳐진 손금 —
부동산 운이 매우 강한 사람을 사귀게 되거나 여러 가지 정보를 얻었 거나 후원자가 나타나서 자기 염원대로 부동산을 구입할 기회가 온 다. 미리 준비를 잘 하여 좋은 기회를 놓치지 마라.

2) 금성구의 하반부에 세로선이 몇 줄 있는 손금 —
이런 선을 음덕선(陰德線)이라고 부른다. 음덕선이 있으면 부모나 조 상의 덕으로 부동산을 물려받게 된다. 번화한 도심의 중심 지대에 있 는 부동산을 일반 사람으로서는 살 염두를 못 낸다. 그러나 어떤 사 람은 부모에게서 물려받는 대단한 행운의 운수를 가지고 있다.

3) 손목에 나타난 V자형 손금 —
이는 매우 강한 부동산 운수이다. 만약 V자 손금이 손목 중앙에 나 타났다면 더 큰 가치의 부동산을 갖 게 된다.

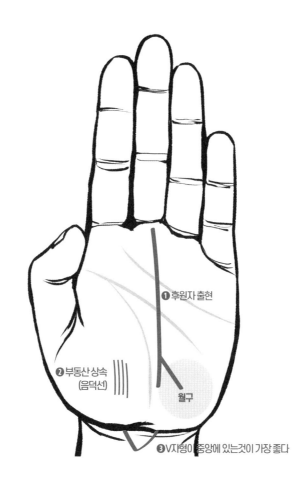

❶ 후원자 출현

❷ 부동산 상속
(음덕선)

월구

❸ V자형이 중앙에 있는것이 가장 좋다

7. 유산을 상속 받을 손금

　보통 사람들은 한평생 죽도록 고생하고도 돈을 못 벌었다고 불평하지 만 어떤 사람들은 하늘에서 떨어진 듯 재산을 얻곤 한다. 이런 운수를 가 진 사람과 친구로서 사귀어도 좋다.

1) 살찐 금성구에 궁형선이 여러 가닥 생긴 손금 —
　이런 선을 음덕선(陰德線)이라 한다. 조상이나 자신의 덕으로 재산을 얻게 될 손금이다. 착한 일을 하면 반드시 좋은 보상이 있는 법이다. 만약 조상의 유산을 물려받았다면 감사드리는 것을 잊지 말며 또 보다 중요한 것은 그것을 유효하게 사용해야 하는 것이다.

2) 금성구에서 출발하여 운명선과 평행으로 상승한 선 —
　금성구 아래쪽에서 출발하여 운명선과 평행되게 올라간 선은 부모의 재산을 물려받거나 집안사람의 경제적인 후원으로 성공할 손금이다.

3) 금성구주변에서 시작한 운명선이 생명선의 중간 점에서 만난 손금 —
　강력한 운명선이 금성구 주변에서 출발하여 호형인 생명선의 중간점에서 서로 만났다면 배우자나 배우자 부모의 재산을 받아 운이 트이게 된다.

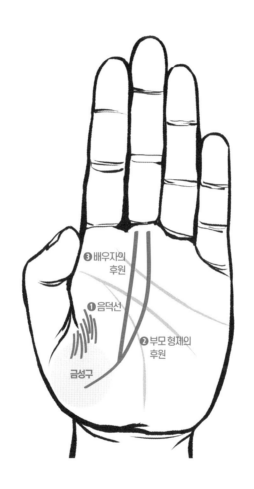

재물운

8. 사치와 낭비가 심한 손금

　돈 버는 재주가 아무리 좋다 하더라도 사치와 낭비를 일삼는다면 나중에는 무일푼이 되고 말 것이다. 이런 사람에게 돈을 주는 것은 돼지에게 구슬을 던져주는 격으로 값어치도 모르는 사람에게 귀중한 물건을 주어 못 쓰게 만드는 것과 다를 게 없다. 마땅히 의미 있게 돈 쓰는 습관을 길러야 할 것이다.

1) 급속히 하강하는 지혜선 ―

　지혜선이 급강하한 사람은 이성이 부족하여 늘 감정과 분위기의 지배를 받는다. 즉, 현실보다 몽상이 앞서고 결과는 전혀 생각하지 않는 낭비형이다. 마치 돈도 없으면서 성대한 혼례식을 치르는 것과 같다.

2) 뱀 모양의 재운선 ―

　설사 매우 긴 재물선이 있다 하더라도 만약 그 선이 뱀 모양으로 구불구불하고 가늘며 연약하다면 그에게 돈이 아무리 많다 하더라도 얼른 써버리게 된다. 오직 수지(收支) 계획을 제대로 세워야만 손금도 곧게 변한다.

3) 섬 무늬가 있는 재운선 ―

　이 역시 몸에 재산이 남아 있지 않은 손금이다.
　생활 습관을 좋게 바꾸고 좋은 시기가 올 것을 기다려라.

4) 짧은 가로선이 있는 재운선 ─

　　의외의 지출이나 뜻밖의 손실이 있음을 의미한다.

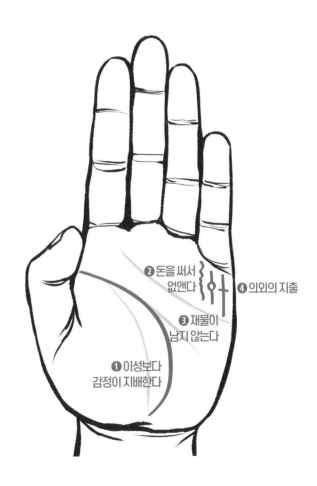

❷ 돈을 써서
없앤다

❹ 의외의 지출

❸ 재물이
남지않는다

❶ 이성보다
감정이 지배한다

1. 사무직에 적합한 손금

　대부분의 여성들이 종사하고 있는 직업이 바로 사무직이다. 그다지 중요하지 않은 것 같지만 문서정리와 사무 능력이 요구되는 중요한 직무이 다. 만약 당신에게 이런 손금이 있다면 시시한 직업이라고 낙담하지말고 그 경험을 바탕으로 우수한 인재가 되도록 노력하라.

1) 생명선의 중심에서 출발하여 하강한 지혜선 —
　세심하게 일처리를 하여 조금도 소홀함이 없으므로 사무직에 알맞는다. 더군다나 두뇌가 영민하고 몸가짐도 민첩하여 비서 등으로 재능을 충분히 발휘할 수 있다.

2) 토성구에 있는 짧은 운명선 —
　한번에 남의 주목을 끌지는 못해도 성실하고 착실한 태도는 사람들을 감동시킨다. 이런 사람은 겉치레가 없고 착실하게 일하는 타입이어서 사람들의 신임을 받는다.
　뒤에서 도움을 주는 역할을 하는 직업에 적합하다. 즉, 일반 사무원이나 은행원 등에 알맞는다.

3) 짧고도 뚜렷한 태양선 —
　사무실에 이런 사람이 있으면 분위기가 좋아지고 여러 사람의 기분을 업시켜 준다. 그들은 부드럽고 순해서 다른 사람이 하기 싫어하는 일들을 혼자 말없이 해낸다. 생활 태도가 신중하고 예절도 밝기 때문에 상사의 사랑을 받는다. 그야말로 '회사의 꽃'인 것이다.

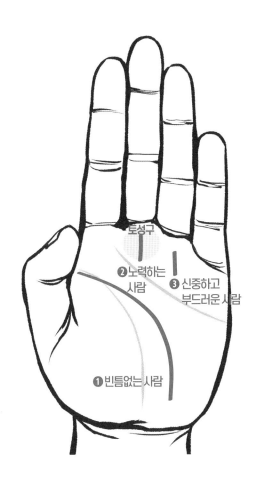

2. 세일즈맨에게 적합한 손금

세일즈맨들은 교묘한 말솜씨와 한순간에 사람을 휘어잡는 능력을 갖고 있어야 한다. 거기에 인내와 끝까지 해내고야 말겠다는 불굴의 의지가 있 어야 한다. 만약 아래의 손금 중 어느 하나를 가졌다면 당신은 훌륭한 세 일즈맨이 될 수 있다.

1) 지혜선의 끝부분이 둘로 갈라져서 수성구로 뻗은 손금 ―

이는 장사에 능숙할 손금이다. 만약 수성구가 살찌고 발달했으며 새끼 손가락까지 길다면 장차 횡재할 운수가 매우 크다.

2) 운명선이 두 가닥으로 갈라져 하나는 태양구로 다른 하나는 수성구로 향한 손금 ―

이는 세일즈맨의 특성을 타고난 손금이다. 단기간에 뛰어난 능력을 발휘하여 자세하게 계산하고 돈을 목숨같이 귀하게 여기는 유형에 속한다. 그러나 말솜씨가 좋고 묘한 설득력이 있으므로 사람들의 반 감을 일으키지 않는다.

3) 반원을 그리며 감정선의 끝이 세 갈래로 갈라진 손금 ―

매우 친절하게 사람을 대하고 분위기에 맞게 자연스럽게 리드를 할 줄 아는 매우 세련된 세일즈맨이다. 이밖에 금성구가 발달한 사람은 판매에 능수능란하고 끝까지 해내고야마는 정신이 있어 세일즈에 적합하다.

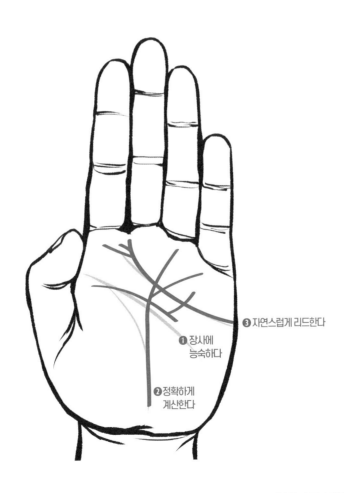

❸ 자연스럽게 리드한다

❶ 장사에
능숙하다

❷ 정확하게
계산한다

3. 사업가에 적합한 손금

지금은 누구든 자기 마음대로 창업할 수 있는 시대이다. 시대의 흐름을 잘 파악하고 역경에 굴복하지 않는 인내력만 있으면 사업가가 될 수 있다. 월급 쟁이를 탈피하고 자립하고자 하는 사람은 자신의 손금을 살펴보기 바란다.

1) 운명선이 또렷하고 그 선에서 태양선과 재운선이 갈라져 나온 손금 —
   그야말로 큰사업가가 될 수 있는 매우 강한 운수이다. 만약 태양선과 재운선까지도 강하고 또렷하다면 도와줄 귀인이 있어서 재산과 보물을 모으게 된다.

2) 지혜선이 곧게 손바닥을 가로 긋는 손금 —
   이런 선은 돈을 모은다는 뜻에서 취재선(聚財線)이라고 한다. 큰 부 자가 될 사람들이 이런 손금을 갖고 있다. 시대의 추세를 꿰뚫으며 자신의 사업과 연계할 줄 아는 탁월한 재능을 갖고 있으며 강렬하고 야심이 커서 독재적인 대자본가가 될 수 있다.

3) 이중 지혜선 —
   총명하고 예술 재능이 있으며 돈벌이에 더욱 능숙하다. 두 개의 사업을 동시에 운영하는 사람에게 이런 손금이 있다. 아울러 두 가지 사업에서 모두 성공을 거둔다.

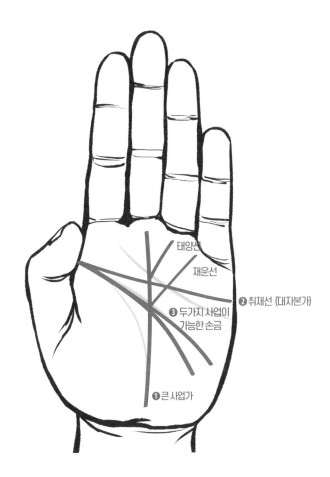

태양선

재운선

❷ 취재선 (대자본가)

❸ 두가지 사업이
가능한 손금

❶ 큰 사업가

4. 교사, 학자에 적합한 손금

교사, 학자가 되려면 반드시 근면하고 열성적으로 일에 몰두하는 정신이 있어야 한다. 그리고 교사는 공정한 판단력과 정의감이 있으며 또 강렬한 애 심도 있어야 한다. 특히 현재에는 이런 교사가 더욱더 필요하다.

1) 긴 지혜선 ―
   지혜선이 보통의 길이보다 더 긴 사람은 사고와 사무적인 분석에 능숙 하고 학식도 풍부하며 탈선 행위가 없기 때문에 교육에 관계된 직업에 적당하다.

2) 생명선에 여러 가닥의 지선이 위쪽으로 올라붙은 손금 ―
   생명선의 오른쪽에 여러 줄의 지선이 올라붙은 사람은 뛰어난 정열의 소유자이다. 목표를 세운 후에는 좌절을 두려워하지 않고 열정을 다하 는 훌륭한 학자가 될수있다.

3) 목성구에까지 연장된 감정선 ―
   교육은 사람을 상대로 하는 사업이므로 따사롭고 부드러우며 사랑이 있어야만 교사직에 적합하다. 이런 손금을 가진 사람은 남을 따뜻이 돌 볼 줄 알며 사랑으로 학생을 대한다.

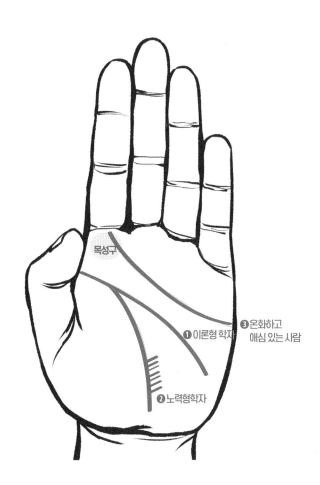

목성구

❶ 이론형 학자

❸ 온화하고
애심 있는 사람

❷ 노력형학자

5. 인맥을 활용한 직업에 적합한 손금

지금은 누구나 연예인 있는 시대라고 하지만 그 중에서도 개성이 독특하 고 재능이 뛰어난 사람은 매우 적다. 당신이 만약 이런 손금을 가졌다면 당 신의 매력은 매우 뛰어날 것이다. 당신이 유명 연예인이 되는 일은 결코 몽 상이 아닐 것이다.

1) 월구에서 뻗어나온 태양선 —

태양선만 있어도 사람들에게 환영을 받을 수 있다. 만약 그 태양선이 월구에서 출발했으면 당신은 좋은 인맥을 타고난 사람이다. 당신에게 는 사람을 끌어들이는 매력이 넘쳐서 주위 사람들이 힘껏 당신을 지지하게 된다. 연예인들이 대부분 이런 손금을 갖고 있다. 만약 이런 손금 을 가진 사람이 식당이나 가게를 운영해도 성공할 수 있다.

2) 월구에서 뻗어나간 운명선 —

이것 역시 인맥으로 유지하는 직업에 종사하면 가장 좋을 손금이다. 당신이 계획한 대로 사업을 시작만 하면 후원자가 나타나게 된다. 이 런 손금에 위 1)의 손금을 겸하기만 하면 인맥에다가 재능까지 겸했 으니 당신 주위에는 항상 박수 갈채가 넘칠 것이다.

3) 생명선에서 출발된 태양선 ―

연예인들 중에는 오랫동안 빛을 보지 못하다가 시간이 흐른 후에야 겨우 성공하는 사람도 있다. 그들의 대부분이 이런 손금을 갖고 있다. 그러나 최초의 신념을 잊지 않는다면 끝내는 사람들의 사랑을 받게 된다.

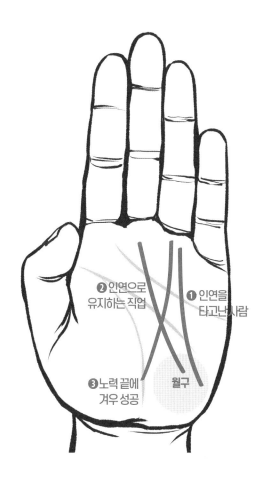

직업운

6. 방송인에 적합한 손금

대중의 환영을 받는 동시에 파란 곡절도 많은 직업이다. 그러므로 자신의 지혜선을 잘 살펴본 뒤에 이 직업에 종사할 것인지를 결정하는 게 좋다.

1) 기점이 생명선과 떨어져 있는 지혜선 ―

유연성이 있고 두뇌가 영민하며 방송업계에서 순식간에 일어나는 큰 변화에도 적응해 낼 수 있다. 더욱이 시대의 흐름을 제때에 간파할 수 있기에 광고업이나 TV업계에 가장 적합하다. 비록 재능이 뛰어나다 할 지라도 적수가 많이 생길 것이다. 하지만 세상에 완전무결한 일이 어디 있을까?

2) 시작점이 목성구에 있는 지혜선 ―

목성구는 지배와 명성을 의미한다.

기점이 목성구에 있다는 것은 야심 만만하고 두각을 나타내려 하며 개성이 뚜렷한데다가 또 실천이 재빨 라 언제나 타인 앞에서 소식을 발표하면서 계획을 실현한다.

3) 화성평원에서 생명선과 갈라져 나온 지혜선 ―

이런 손금을 가진 사람은 흥미와 사업을 잘 결합하기에 커다란 성공을 한다. 본디 방송 업계는 분망하므로 건강이 무엇보다 중요하다. 다행이 이런 손금을 가진 사람은 체력이 아주 좋다. 만약 사정을 잘 알아주는 상사가 있고 손발이 잘 맞는 아랫직원까지 있으면, 대중이 우러러보는 훌륭한 방송 업계의 인물이 될 것이다.

직업운

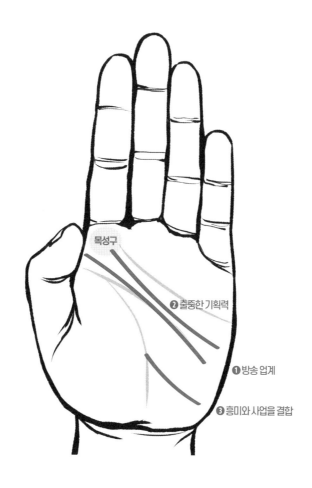

목성구

❷ 출중한 기획력

❶ 방송 업계

❸ 흥미와 사업을 결합

7. 수리 계통에 적합한 손금

손가락이 긴 사람은 수리(數理) 재능이 있으며 이론파(理論派)에 속한다. 특히 새끼손가락이 길면 연구심이 왕성함을 나타내는 것으로 발명, 발견의 재능을 갖고 있다. 스스로 문과(文科)에 적합하다고 생각하는 사람들 중에도 의외로 이런 손금을 가진 사람이 있다.

1) 제2 화성구까지 뻗은 지혜선 —

지혜선이 제2 화성구로 비스듬히 뻗은 사람은 로맨틱하고 창의성이 있 는 사람이다. 만약 지혜선이 가로 뻗어 나갔다면 실무적인 사람이다. 물론 이들 중에는 의사와 문학가의 재능을 가진 사람도 있지만 이런 손 금을 가진 사람의 대부분은 감정을 쉽게 나타내지 않으며 이성이 풍부 하여 이론적으로 사물을 연구한다. 그렇기 때문에 수리 계통에서 그들 의 능력을 발휘할 수 있다.

2) 토성구에서 끝이 세 가닥으로 갈라진 운명선 —

한평생 연구에 몰두하는 유형이다. 그의 진득하고 착실한 태도가 많은 사람들의 존경을 얻는다.

3) 수성구와 태양구에 있는 세로선이 서로 평행이 되는 손금 —

이는 향상심과 노력을 포기하지 않고 인간 세상에 이바지하려는 사람이다. 의료 분야에 적합하다.

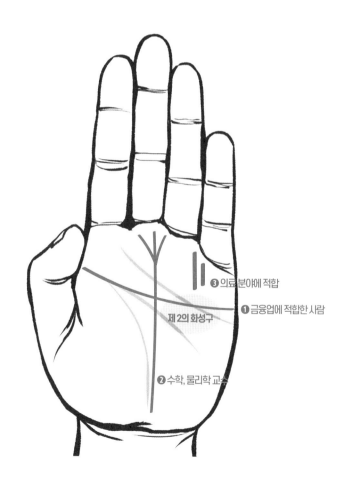

❸ 의료분야에 적합

제2의 화성구

❶ 금융업에 적합한 사람

❷ 수학, 물리학 교수

8. 국제감각이 있는 손금

현재 해외에 거주하면서 일하는 사람들이 날로 증가하고 있다. 그러나 겉으로는 그럴듯해 보이지만 반드시 현지의 습관에 적응할 수 있어야 하고 자신의 의견을 충분히 나타낼 수 있도록 적극성도 갖추어야 한다. 물론 언어 구사력과 국제적인 시야도 넓혀야 한다.

1) 목성구에 여러 줄의 세로선이 있는 손금 —

이런 선을 향상선이라하고 목표를 달성하기 위한 의지력과 지배력을 의미한다. 만약 이 선이 뚜렷하고 목성구도 살찌고 발달했다면 낯선 땅에서라도 열심히 사업할 수 있다.

2) 생명선에서부터 연장되어 나온 운명선 —

운명선이 생명선상에 있는 것은 지배력을 의미한다. 이 유형의 사람은 의지가 뛰어나 어떤 환경에서도 역경을 이겨내고 자신의 지위를 확고히 하는 사람이다. 독립심이 매우 강하고 외로움을 잘 견디며 독신으로도 훌륭히 지낼 수 있다. 무역업에서 재능을 발휘할 수 있다.

3) 손목에서 출발하여 금성구를 거쳐 목성구에 이르는 손금 —

뛰어난 국제 의식을 갖추었고 언변이 좋다. 외교관, 스튜어디스등에 적합하다.

❶ 어떤곳에서나 성공한다

❷ 강한 독립심

❸ 국제적 감각이 있다

9. 예술가에 적합한 손금

예술가는 작가, 시인, 가수, 연주가, 작곡가, 화가, 설계사, 연예인 등 무 수히 많다. 이들의 공통점은 뛰어난 감성을 가지고 있으며 미(美)를 창조해 내는 것이다.

1) 월구에까지 뻗어나간 지혜선 ―

예술가는 대부분 매우 뛰어난 능력이 있고 감성이 몹시 예민하며 사람 들과 잘 어울리지 않고 가치관도 보통 사람과 다르다. 지혜선이 매우 길어 월구 아래에까지 이른 사람은 대부분 예술가의 길을 걷게 된다. 지혜선이 몹시 길기에 매우 총명하고 사고가 깊으며 화가나 작가에 매 우 적합하다.

2) 뚜렷한 금성띠 ―

보통 사람들은 여색을 좋아할 손금이라고 말하는 금성띠가 사실은 예술가의 손금인 것이다. 감성이 풍부하고 창작 능력이 우수한 사람들에 게 이런 손금이 있다.

지혜선을 보고 그 사람이 유명한 예술가인지 아니면 단순한 예술 애호가 인지를 판단할 수도 있다. 그리고 금성띠가 뚜렷한 사람은 자신의 풍부한 감 정을 예술 창작으로 승화할 수 있다. 이밖에 금성띠 자체가 아름다운 호도를 나타내고 있으면 예술가의 자질이 없을 수가 없다.

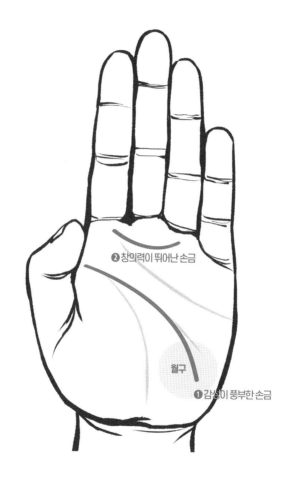

❷창의력이 뛰어난 손금

월구

❶감성이 풍부한 손금

10. 이직이 잦은 손금

예전에 비하면 지금은 마음만 먹으면 직업을 바꿀 수 있다. 그러나 너무 경솔하게 바꾸지는 말아야 한다. 속담에'구르는 돌에는 이끼기 안 생긴 다'고 했듯이 어떤 일이든 인내해야 한다.

1) 구불구불한 운명선 ―

운명선은 없는 것보다 있는 편이 좀더 낫지만 구불구불하거나 끊어졌다 다시 이어지기를 반복한다면 주위를 기울여야 한다. 운명선이 가진 자아(自我)의 강도(强度)가 손금에도 다시 나타날 수 있어서 끝까지 해 내고야 말겠다는 의식이 사라지게 된다. 즉, 동료들과 의가 맞지 않거 나 상사와 언쟁을 하는 등 제맘대로 행동하다 보니 직업을 여러 번 옮 기게 된다. 한 직장에 머물며 헌신해야 한다. 그러면 구불거렸던 손금 도 정상적인 형태로 되돌아온다.

2) 끊어졌다 이어졌다 반복하는 태양선 ―

태양선은 타인에게 받는 사랑과 신임의 정도를 나타낸다. 만약 끊어졌 다 이어졌다 했으면 신임을 못 받고 일자리도 안정치 못함을 나타낸다. 그러므로 종종 한직으로 내몰리거나 일자리를 옮기게 되어 한 자리에 오래 머물지를 못한다.

3) 지혜선에 몇 줄의 선이 위로 올라간 손금 ―

위로 올라간 손금은 대부분 좋은 뜻을 포함하고 있다. 그러나 이런 손금이 어떤 일이라도 유쾌하게 감당할 수 있는 사람의 손에 나타났을 때 는 이 사람이 다방면의 재능을 갖고 있기 때문에 오히려 적합한 직업을 못 찾고 늘 일자리를 옮기게 되는 것이다.

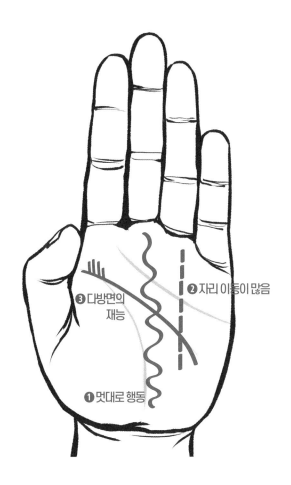

❸다방면의 재능

❷자리이동이 많음

❶멋대로 행동

1. 건강한 사람의 손금

　이 세상에는 남들이 부러워할 만큼 대단히 건강한 사람이 있다. 당신이 비 록 지금은 이런 손금을 갖고 있지 않지만 적당한 몸 관리를 통해 생명선을 강 하게 만들 수 있다.

1) 이중 생명선 ―

　활력선(活力線)이라고도 한다. 이 선은 생명선의 시작점 근처에서부터 시작하여 대체로 생명선과 평행선으로 연장되어 나간다. 강력한 생명선에 이 평행된 활력선까지 합치므로 출중하고 강한 생명력을 나타낸다. 질병이 접근할 수가 없다.

2) 활력선에서 상승하여 목성구로 뻗어나간 선 ―

　체력이나 정력이 모두 왕성하여 병이 도저히 접근하지 못한다.

3) 활력선에서 상승하여 운명선과 연결된 선 ―

　신체가 건강하고 정력이 넘쳐흘러 사업에 빨리 성공을 거둔다.

4) 길게 월구에까지 뻗어나간 생명선 ―

　생명선이 간혹 월구에까지 연장되는 때가 있다. 이럴 때 금성구가 차지 하는 범위는 굉장히 넓어지고, 생명력이 넘쳐흘러 신체는 매우 튼튼해 진다.

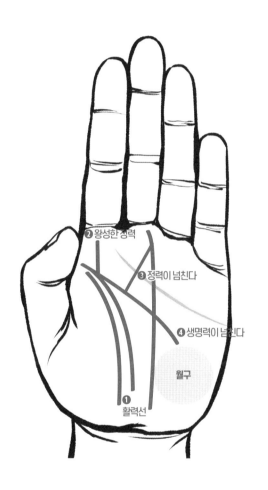

❷ 왕성한 정력

❸ 정력이 넘친다

❹ 생명력이 넘친다

월구

❶
활력선

2. 장수할 손금

뚜렷한 생명선은 장수의 상징이다. 이외에도 장수를 나타내는 다른 손금 들도 있다. 만약 당신이 이런 손금을 가졌고 또 신체를 함부로 해하지만 않 으면 오랫동안 장수할 수 있다.

1) 호도가 몹시 큰 생명선 ―

생명선의 원둘레가 몹시 클 때는 금성구가 차지하는 범위도 매우 넓어 진다. 금성구 역시 건강과 수명을 의미하므로 범위가 넓다는 것은 건강 상태가 매우 좋음을 상징한다. 만약 구와 선의 색깔까지 아름답다면 더 욱 좋은 손금이다.

2) 출발점이 엄지손가락과 검지(식지) 중간에 있는 생명선 ―

생명선에 중단된 곳이 없거나 문란하지 않으며 또 아름다운 호도가 나 타났다면 이가 곧 건강을 증명하는 것이다. 그러므로 상당히 좋은 손금 이다. 명랑하고 작은 일로 고민하는 일이 없는 천진난만한 사람이다.

3) 검지(식지)에서 시작된 생명선 ―

금성구 위쪽 부위를 제1 화성구라 하는데 이 구 역시 정력과 활력을 나타 낸다. 생명선의 출발점이 식지에 가까울수록 제1 화성구가 차지하는 면 적도 넓어진다. 이런 사람은 정력이 왕성하고 활력이 넘치는 사람이다.

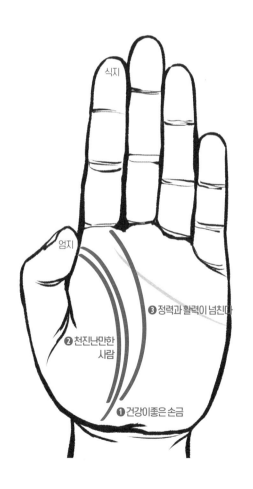

건강운

3. 순환기 계통이 쇠약한 손금

순환기 계통의 중추는 심장(心臟)이다. 심(心)은 '마음 심' 자이다. 그러므로 감정선과 밀접한 관계가 있다. 신경이 안정되지 못해도 심장에 영향이 미친다.

1) 생명선에서 출발한 건강선 ―
   심장이 쇠약함을 나타낸다. 대부분 선천적인 체질이지만 후천적인 것도 있다.

2) 생명선을 가로 끊고 나간 건강선 ―
   내장 특히 순환기 계통의 기관에 장애가 있음을 나타낸다. 게다가 피로까지 누적되어 신체는 몹시 쇠약해져 있다. 그러므로 몸조리를 잘해야 한다. 일단 증상이 자각되면 의사를 찾아 치료를 해야 한다.

3) 건강선과 감정선의 교차점이 붉은색을 띠었을 때 ―
   두 선이 교차되거나 섬 무늬를 이루었다면 이는 곧 이상이 있음을 의미한다. 게다가 만약 교차점에 붉은색까지 띠었다면 심장에 이상이 생긴징조이다. 고혈압, 협심증 등에 걸릴 수도 있다. 질병이 더 진행되기 전에 대책을 잘 세워야 한다.

4) 감정선에 아래로 향한 세로선이 많이 생겼을 때 ―

　만약 감정선이 쇠사슬형이라면 심장비대증에 걸리기 쉽다.

5) 감정선끝에 검은 점이 생겼을 때 ―

　갑자기 치명적인 급성 심장병이 생기지 않도록 주의하라.

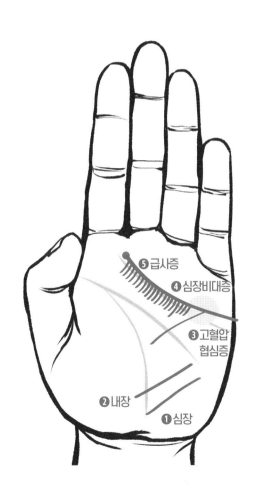

4. 소화기관이 약한 손금

　현재는 미식(美食)의 시대이다. 그러나 식사에 의해서도 건강을 해칠수 있다. 그러므로 위장에게도 휴식할 시간을 주어야 한다.

1) 끊어졌다 이어지기를 반복하는 건강선 —
　　건강선이 여러 곳 중단된 사람은 소화기관이 매우 약하다. 폭음과 폭식을 피하고 절제된 생활을 하면 중단된 선이 다시 이어지므로 건강을 회복할 수 있다.

2) 생명선의 중간에 섬 무늬가 있을 때 —
　　압력과 영양 부족으로 인해 만성 위장병에 걸릴 수 있다. 병의 진행을 차단하려면 편식을 하지 말며 적당히 운동도 하고 피로가 누적되지 않게 해야 한다.

3) 생명선 끝의 지선이 금성구로 뻗었을 때 —
　　생명선 아래쪽에 지선이 생기고 지선의 끝이 금성구로 향했을 때는 체력이 감퇴되어 소화기관의 기능이 약해졌음을 나타낸다.
　　동시에 사고력도 점점 쇠퇴되어 사업이나 학습까지 정상적으로 할수 없게 된다.

4) 목성구와 토성구 사이에 나타난 짧은 세로선 —

이것 역시 소화기관이 쇠약해져 있다는 신호이다. 빨리 조치를 취하면 짧은 세로선은 사라진다.

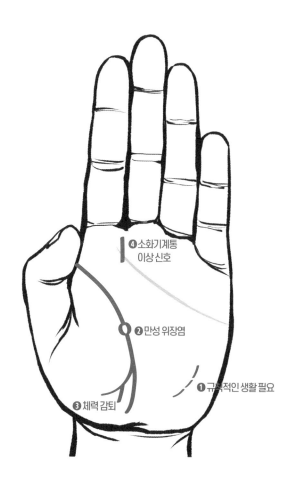

5. 호흡기가 약한 손금

공기 오염은 어제 오늘의 일이 아니다. 이렇듯 공기 오염에 무방비 상태로 놓여 있는 우리들의 신체, 그 중에 특히 폐와 목 부위에 영향을 미친다. 만약 손금에서 이런 신호를 발견했다면 미리 보양을 해야 한다.

1) 건강선 아래쪽에 섬 무늬가 있을 때 —
    섬 무늬 속에 섬세한 여러 가지 선이 있으면 인후 동통을 나타내는 것이다.

2) 쇠사슬 모양의 건강선 —
    여러 개의 섬 무늬가 이어져서 형 성된 쇠사슬 모양의 건강선 역시 호흡기관의 쇠약함을 나타내는 것이다. 때로는 일상 생활조차 제대로 할 수 없게 만드는 질병으로 발전할 수 있으므로 각별히 주의해야 한다.

3) 건강선과 감정선의 교차점에 섬 무늬가 있을 때 —
    몸조리를 잘하지 않았거나 신체를 함부로 하여 감기에 걸림으로써 호흡기관이 쇠약해진다. 심각할 때에는 기관지, 폐, 늑막 등에 병을 초래하다. 이렇게 되면 치료도 매우 오래 걸린다. 이때는 휴양하면서 철저히 치료를 해야 한다.

4) 쇠사슬 모양의 지혜선 ─

지혜선에 많은 섬 무늬가 생겨 쇠사슬 모양이 되었다면 폐에 이상이 생겼음을 나타내는 것이다. 게다가 만약 건강선과 생명선까지 문란해졌다면 병은 더욱 심해질 것이다.

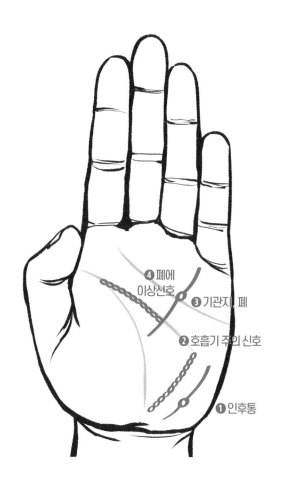

건강운

6. 정신병(신경계통) 주의신호 손금

    사회는 갈수록 복잡해지고 피로의 누적으로 인해 정신 이상에 걸리는 사람이 많이 증가하고 있다. 만약 이대로 계속된다면 심각한 결과가 초래될 수 있기 때문에 일찍 조치를 취해야 한다.

1) 건강선과 지혜선의 교차점에 섬 무늬가 있는 건강선 —

    만약 지혜선이 굵고 뚜렷하면 질병을 피할 수 있지만 지혜선이 약하고 구불구불하면 신경 계통의 질병에 주위를 기울여야 한다.

2) 끊어졌다 이어지기를 반복하는 지혜선 —

    지혜선은 짧은데 비하여 감정선이 몹시 길다면 히스테리나 병적으로 화를 내고 마음이 무거운 현상이 일어난다. 또 사고로 뇌장애를 일으킬 위험성이 있으므로 조심하는 것이 좋다.

3) 쇠사슬 모양의 지혜선 —

    압박감이 너무 누적되어 사업이나 학습을 할 수가 없게 되고 행동 또한 안정하지 못할 것이다.

4) 생명선 끝의 지선이 월구로 향했을 때 —

    이 지선을 쇠약선이라 하는데 신경이 피로할 때면 쉽게 나타난다.

만약 쇠약한 선의 둘레에 회색이 보이면 신경쇠약이나 불면증을 초래할 수도 있다.

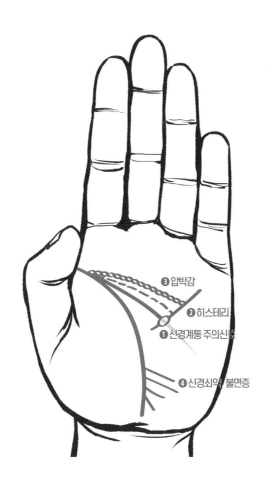

7. 귓병, 눈병이 생길 손금

핸드폰, 인터넷이 보급되면서부터 눈병을 앓는 사람들이 급증하고 있다. 이러한 눈병도 손금에 나타나 있다. 그러므로 손금을 자세히 살펴본다면 눈병도 충분히 예방할 수 있다.

1) 중간에 × 기호가 있는 건강선 _
건강선에 ×기호가 나타난 것은 시신경이 피로해져 있다는 증거이다. 이 기호가 크면 클수록 증세가 더 심한 것이므로 반드시 눈을 편안하게 해주는 녹색 환경에서 휴식을 취해야 한다. 오른손에 이런 현상이 생겼다면 왼쪽 눈을 앓게 되고, 왼쪽 손에 이런 현상이 생겼다면 오른쪽 눈에 질병이 생긴다.

2) 약지(무명지) 바로 아래쪽에 섬 무늬가 있는 지혜선 _
심장병이나 눈병이 생길 조짐이지만 심장병보다는 대부분 눈병이다.

3) 토성구에 빗살 무늬가 있을 때 _
중지 아래쪽에 나타난 가는 선들은 중이염, 외이도염(外耳道炎)을 나타내는 것이다.
비록 일상생활에 영향을 주지는 않지만 치료에 오랜 시간이 걸린다.
이런 가는 선들이 태양구에 나타나면 백내장이나 결막염 등에 쉽게 걸린다. 이외에 토성구의 검은 점은 귓병을 암시하며 태양구의 검은 점은 눈병을 암시하는 것이다.

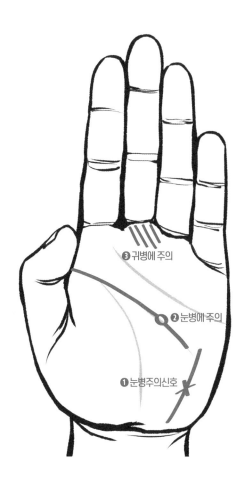

8. 부인병에 약한 손금

여자의 신체는 매우 예민하다. 월구가 두드러지지 못하고 혈색이 나쁘면 자궁이나 난소에 병이 생겼음을 알리는 신호이므로 주의를 기울여야 한다.

1) 건강선의 위쪽 끝에 가는 선이 있을 때 ─

건강선 위쪽에 ×기호나 작은 무늬들이 많으면 호르몬의 이상이나 생리불순을 나타내는 것이다.

만약 건강선에 검은 점이 나타나면 수술해야 할 정도로 병이 악화될 것이다.

2) 새끼손가락 아래쪽에 뚜렷한 궁형선이 있을 때 ─

새끼손가락은 부인병과 밀접한 관계가 있다.

새끼손가락이 짧은 여인은 불임증에 걸리기 쉬우며 출산을 했다 하더라도 아이의 신체 역시 매우 연약하다.

새끼손가락이 굽었다면 자궁이나 난소에 이상이 있는 것이다.

어떤 여성은 새끼손가락 아래쪽에 뚜렷한 궁형선이 있는데 이는 부인병 중 가장 많은 증상, 즉 자궁후굴(子宮後屈)이다.

3) 생명선의 섬 무늬에서 지선이 뻗어나와 월구에까지 연장되었을 때 __

　생명선에 섬 무늬가 있고 그 섬 무늬에서 나온 지선이 월구로 뻗어 나

　갔고 월구에 격자 무늬가 생겼다면 자궁암이나 난소암의 전조이다.

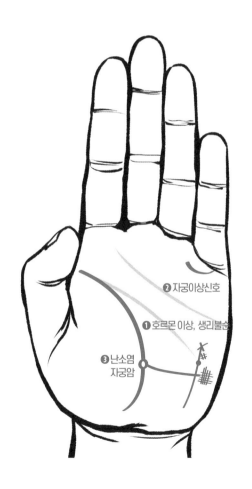

9. 스트레스가 심한 손금

월구 아래쪽에 가로로 향한 궁형선이 있으면 그것을 방종선(放綜線)이
라 한다. 스트레스가 누적된 징조이다.

1) 짧은 방종선 —
생활이 극도로 불규칙적이어서 건강이 파괴된 것이다. 규칙적인 생
활을 하고 잠을 충분히 자며 균형 잡힌 음식을 섭취하면 방종선이 사
라질 것이다.

2) 생명선과 인접한 방종선 —
사업이나 공부에 대한 부담이 과중하여 압박감이 누적된 것이다. 만
약 이런 선이 많으면 신경쇠약이나 정신병을 초래할 수 있으므로 충
분히 휴양을 하고 건강이 회복되도록 노력해야 한다.

3) 방종선에 ×기호가 있을 때 —
외출이나 여행 계획이 있는 사람들은 특별히 주의를 기울여야 한다.
여행 도중에 부상이나 질병이 생길 위험이 있으므로 여행을 취소하는
것이 가장 좋은 방법이다. 그래도 꼭 여행을 해야만 한다면 재난을 당
하지 않도록 조심해야 한다.

4) 방종선에 섬 무늬가 있을 때 —

폭음이나 폭식, 또는 누적된 피로로 인해 병상에 누울 징조이다. 만약 주의를 기울이지 않는다면 내장의 질병을 초래할 것이다.

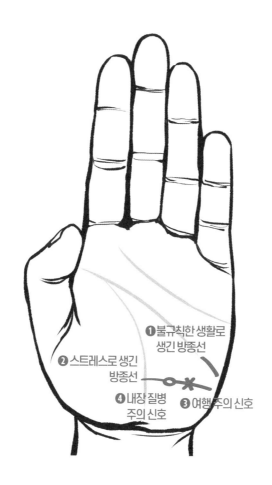

10. 체질이 허약한 손금

특별한 병이 있는 것도 아닌데 몹시 허약한 사람들이 있다. 그것은 체질상의 문제이다. 그러므로 체질을 개선하면 몸도 좋아질 것이다. 아래와 같은 손금을 가진 사람들은 미래를 위하여 건강해지도록 노력해야 한다.

1) 생명선의 끝에 여러 줄의 지선이 있을 때 —

무슨 일을 하든지 쉽게 지쳐서 몸을 제대로 지탱하지 못하고 자주 신경질을 내며 무의미한 고민에 빠져든다. 마음을 너그럽게 가지고 낙관적으로 생각하라.

2) 생명선의 끝 양쪽에 하강한 지선이 있을 때 —

선천적으로 신체가 건강치 못하고 저항력도 약한데다 만년이 되니 질병이 떠나지를 않는다. 규칙적인 생활과 균형 잡인 음식을 먹는 것이 보약보다 훨씬 낫다.

3) 쇠사슬 모양의 생명선 —

호도가 크지 못한 생명선이나 쇠사슬 모양의 생명선은 모두 몸이 허약한 것을 의미한다. 힘겨운 육체 노동을 삼가라. 성적인 능력도 매우 허약하며 생활에 장력(張力)이 부족하다.

4) 손바닥에 나타난 섬세한 가로선 __

　엄지손가락의 밑부분에서 부터 손바닥의 중앙을 향해 뻗어나간 작은
무늬들은 건강 상태가 좋지 않음을 나타내는 것이다.

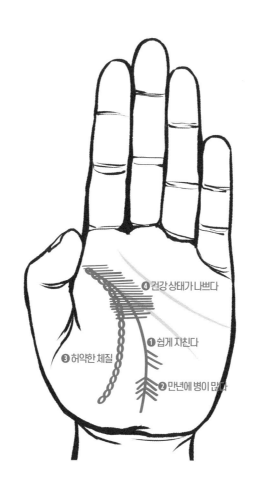

11. 갑작스럽게 중병에 걸릴 손금

과도한 육체 노동과 일년 내내 누적된 피로 때문에 갑자기 큰 병에 걸려 눕고마는 사람들이 날로 증가하고 있다. 종종 발견된다 해도 이미 시기를 놓쳐 완쾌될 수 없을 때가 더 많으므로 손금을 자세히 살펴 위험 신호를 알아채야 한다.

1) 건강선에 반점이 있을 때 —

건강선에 검은색 반점이 나타나면 내장에 급성병이 생길 징조이다. 만약 반점이 여러 개라면 수술을 해야만 하는 중병이 생길 징조이므로 각별히 주의해야 한다.

2) 중단된 생명선 —

중단된 곳은 급성 중병을 나타낸다. 길게 끊어졌을수록 병이 깊고 치료 기간도 오래 걸린다. 만약 양손에 모두 이런 손금이 생겼으면 생명이 위태로울 수도 있으므로 그전에 미리 예방과 치료를 해야 한다.

3) 생명선이 중단된 곳에 네모 모양의 무늬가 있을 때 —

치명적인 질병이라 하더라도 오직 네모 모양의 무늬가 끊겨진 생명선을 둘러쌌다면 당신은 죽음을 면하게 될 것이다.

4) 굵고 짧은 가로선이 있는 생명선 ─

횡단선이 굵고 뚜렷할 때는 갑자기 큰 병이 생길 징조이다.

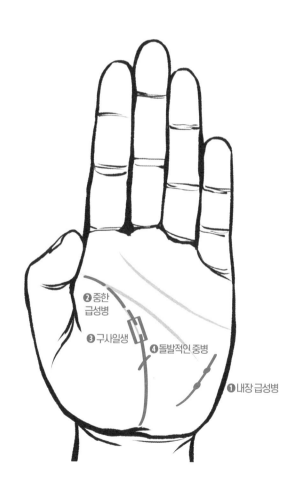

❷ 중한
급성병

❸ 구사일생

❹ 돌발적인 중병

❶ 내장 급성병

건강운

12. 부상이나 재난을 암시하는 손금

우리는 일생 동안 수많은 뜻밖의 사건에 부딪히며 살고 있다. 예를 들면 교통사고를 당하거나 지진, 천둥, 화재, 절도 등의 재난을 당하기도 한다. 손금을 보면 이런 의외의 재난들을 미리 예견할 수 있다.

1) ×자 기호가 있는 지혜선 ―

지혜선이 도중에 중단되거나 ×자 기호가 있는 사람은 매우 쉽게 사고를 당하게 된다. 이런 손금이 나타났다면 차를 운전할 때 각별히 신경을 써야 한다.

2) 토성구에 나타난 섬 무늬에서 내려간 선이 생명선을 끊고 지나 갔을 때 ―

생명선이 끊겨진 그곳이 나타내는 나이에 치명적인 중상을 입을 수 있다(그 손금의 나이를 계산하는 방법은 '개운기'를(완성p) 참고하라).

3) 생명선의 끝에 있는 ×자 기호 ―

생명선이 ×자 기호에게 혹은 가로선에 의해 끊겼다면 뜻밖의 부상을 당하거나 돌발 사고를 당하게 된다.

4) 별 모양이나 +자 무늬가 있는 생명선 __

갑작스런 충격을 나타낸다. 부상이나 화상, 또는 전염병에 걸릴 수 있다. 응급 처치를 하면 큰 재난은 피할 수 있다.

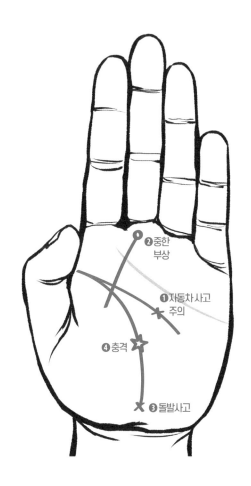

1. 운이 대단히 좋은 손금

아래의 그림과 같은 손금을 가졌다면 운수가 대단히 좋은 사람이다. 이런 사람들은 손이 매우 두텁고 각 구도 발달하여 두드러지며 세로선도 매우 뚜렷하다.

1) 굵고 깊숙한 생명선 ―

　　정력이 왕성함을 나타낸다. 강렬한 지배력이 있다.

2) 곧고 뚜렷한 운명선 ―

　　정력이 있고 지배자 유형이지만 너무 자신해서는 안 된다.

3) 길고 뚜렷한 태양선 ―

　　좋은 평판과 명성에 의해 성공할 손금이다.

　　이런 손금을 가진 사람과 가깝게 지내는 것도 좋다.

4), 5), 6), 7) 모두 대길할 손금이다.

　　이중의 한두 가지만 있어도 행운이다.

4) 재운선으로 선이 한 줄이고 또 매우 길면 좋다.

5) 희망선이라 하는데 어떤 일에 부딪혀도 위축되지 않으며 적극적이고

　　열심히 일을 할 손금이다.

6) 매우 보기 드문 대길할 손금이다.

　　어떤 일을 해도 모두 순조로우며, 리드가 될 손금이다.

7) 사업수완이 재능이 대단한 손금이다.

　　평생 동안 부유하게 살아갈 운수이다.

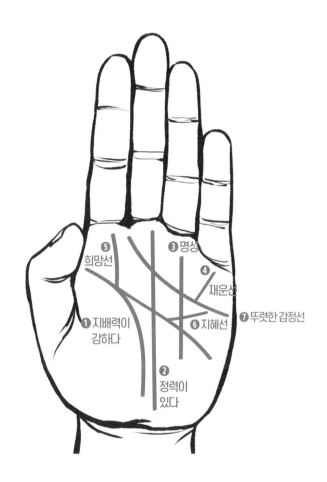

⑤ 희망선

③ 명성

④ 재운선

① 지배력이
강하다

⑥ 지혜선

⑦ 뚜렷한 감정선

② 정력이
있다

2. 생명선으로 보는 운

　지금부터 연속적으로 제기되는 생명선이나 운명선, 지혜선, 감정선, 이 기본적인 4대 선이 한 사람의 성격과 운수를 60% 내지 80%를 좌지우지한다. 아래에 가장 대표적인 예를 들어 보겠다.

1) 가장 좋은 운 ＿

　선이 굵고 뚜렷하며 손바닥 가운데까지 뻗어나간 생명선은 성질이 견강(堅剛)하고 자질구레한 일에 세세하게 신경 쓰지 않으며 왕성한 정력의 소유자로서 역경에 부딪히더라도 위축되지 않고 전진하는 강력한 운을 가지고 있다.

2) 섬세하고 끊어졌다 이어지는 생명선 ＿

　위험을 나타낸다. 이밖에 생명선에 섬 무늬가 있는 사람은 그 시기에 건강을 잃게 될 수도 있으므로 각별히 주의해야 한다. 그러나 끊어졌다 이어진 선결에 다른 선이 있으면 이런 문제가 없어진다.

3) 끝이 두가닥으로 갈라지는 생명선 ＿

　무절제한 생활로 건강 상태가 갈수록 나빠진다. 그러므로 젊었을 때부터 절도 있게 생활을 하라.

4) 월구로 지선이 향하는 생명선 ___

이런 손금은 피로가 누적되어 심신이 나빠질 것이다. 외출이나 여행을 하여 심신에 활력을 주고 휴식을 취해야 한다.

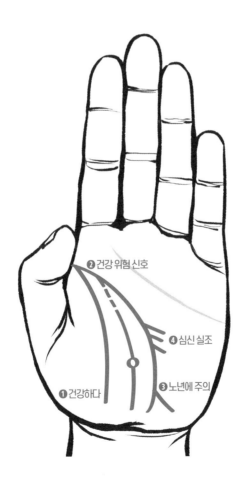

종합운

3. 운명선으로 보는 운

운명선이 굵고 길면 좋은 손금이다. 그렇지만 이런 손금을 가진 사람을 매우 드물다. 아래에 네 가지 운수를 소개한다.

1) 토성구로 일직선으로 향한 운명선 —
  명석하고 노력만 하면 성과를 얻는 누구나 부러워할 운수이다. 원대한 이상으로 일하는 사람이다.

2) 금성구에서 토성구로 향한 운명선 —
  부모나 형제, 조부모, 처갓집 등의 도움을 받아 가업을 세우고 또 부동산까지 얻게 된다. 이런 사람은 친척과 친밀히 지내야 한다.

3) 월구에서 태양구로 향한 운명선 —
  친구나 동료의 협조와 후원을 받아 좋은 운수가 트이는 복이 있는 사람이다. 어떤 일을 하더라도 매우 순조롭고 주위 사람들의 도움을 받게 된다. 이런 사람들이 운이 트이는 비결은 좋은 연줄을 아끼며 보살피는 것이다.

4) 중단된 운명선 —
  이 시기(그림에서는 32세 전후)는 전직이나 결혼할 시기이므로 놓쳐서는 안 된다. 그러나 끊어졌다 이어지는 선은 의지력이 약함을 나타낸다.

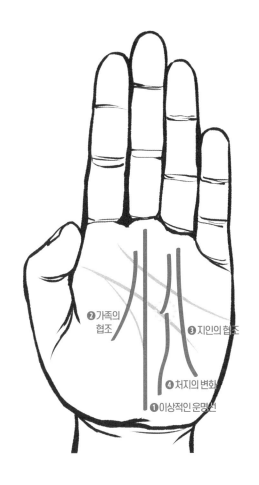

❷가족의
협조

❸지인의 협조

❹처지의 변화

❶이상적인 운명선

4. 지혜선으로 보는 운

지혜선은 그 사람의 성격과 본질을 나타낸다. 이 선이 감정선에 가까울수록 현실주의적이며 치밀하게 계산하고 사물에 대하여 이론적인 분석을 한다. 지혜선이 내려가 생명선에 가까워지면 로맨틱을 나타내고 문학과 종교를 즐기며 항상 환상에 빠져든다.

1) 표준형 —
생명선과 지혜선의 출발점이 같을 때는 상식이 풍부하고 균형감각이 매우 뛰어나다. 그러나 약간이라도 지나치면 무미건조함을 느낀다.

2) 중단된 것 —
까닭없이 늘 불안해서 마음이 안정될 때가 없고 종종 불평이 많은 사람으로 변한다.

3) 지혜선이 손목 아래로 내려간 것 —
소설을 즐기고 몽상하기를 좋아하며 자기 세계에서 벗어날 줄 모른다. 이과(理科)와 맞지않는다.

4) 대담한 유형 —
사람을 놀래키는 행동을 자주 한다.

그림과 같이 지혜선이 생명선 위쪽에서 출발하여 감정선에 가깝게 뻗었다면 사람됨과 일처리가 사리에 맞으며 부단한 향상심을 가진 사람이다.

5) 분지선이 수성구 위로 올라간 것 —

지혜선의 끝이 두 줄로 갈라지고 그 중 하나가 수성구 위로 향하였다면 사업에 있어서 능력을 발휘할 사람이다.

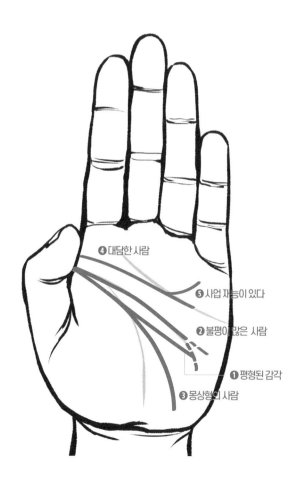

❹ 대담한 사람

❺ 사업 재능이 있다

❷ 불평이 많은 사람

❶ 평형된 감각

❸ 몽상형의 사람

5. 감정선으로 보는 운

감정선은 한 사람의 감정이 풍부한지 혹은 냉정한지, 어떤 애정이 생길 수 있는지 등을 보여 주는 손금이다.

1) 평형감이 있다 __

표준형 손금이다. 한눈에 사랑에 매혹되지도 않고 반목하여 원수처럼 되지도 않는 감정이 균형 잡힌 사람이다.

2) 감정선이 매우 길다 __

감수성이 매우 강하고 감정도 풍부하며 온화하고 너그러워 남을 포용하는 사람이다. 때로 조심성이 지나치고 우유부단하여 혼란을 초래하는 것이 아쉬운 점이다. 그림에서처럼 감정선의 끝이 갈라지고 그 중 하나가 아래로 향했을 때는 여성 문제를 조심하라.

3) 감정선이 중첩되다 __

감수성이 풍부하여 때로는 번뇌에 빠지기도 하지만 예술적 감각이 매우 우수하다. 서로의 감정을 소중히 여기기에 사람들의 사랑을 받는다 그러나 지선이 아래로 향했을 때는 성욕이 강렬함을 나타낸다. 하지만 애정은 깊지 못하다.

4) 현실적인 사람 ___

감정선이 짧은 사람은 냉랭한 감을 준다. 아주 현실적이어서 자기에게 이익을 주는 일이라면 물불을 안 가리고 달려들지만 남을 돕는 일에는 잘 참여하지 않는다. 즉, 자기 중심적인 사람이다.

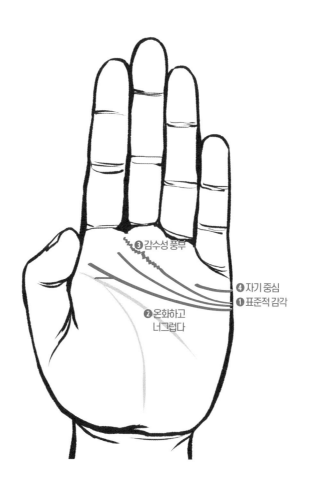

종합운

6. 생명선이 알려주는 개운기

　'우리는 일생 동안 크고 좋은 운수를 세 번 만난다. 그것을 포착하면 곧 성공한다.'이런 이야기를 당신도 들은 적이 있을 것이다. 손금에서는 대체로 이런 시기, 즉 개운기를 알아낼 수 있다.

개운기를 관찰하는 방법은 두 가지가 있다.

첫째, 생명선에서 뻗은 세로선을 관찰하는 방법이다.

둘째, 운명선의 지선을 살펴보는 방법이 있다.

먼저 첫째 방법, 즉 생명선의 관찰법을 소개한다.

연령 계산법은 생명선 전체 길이의 2분의 1이 되는 점이 40세, 식지부근 너비와 동일한 거리의 점이 20세, 이상 두 점의 절반 되는 점이 30세……. 그림을 참고하면 보다 정확히 알 수 있다. 이 계산법은 단지 평균적인 계산법일 뿐이다. 사람에 따라 약간의 차이가 있을 수 있다.

1) 25살 때 ── 마음속에 생각이 현실로 이어진다.

2) 32살 때 ── 직장에서 승진하거나 주위 환경의 변화로 운수가 좋아진다.

3) 40살 때 ── 재운이 매우 좋거나 늦게 어진 아내를 얻게 된다.

4) 52살 때 ── 좋은 직위에 오르거나 자립하여 성공한다.

개운을 살필 때는 종합적으로 관찰을 해야 한다. 그렇지만 그의 기본적인원칙은 이 몇 가지에 지나지 않는다.

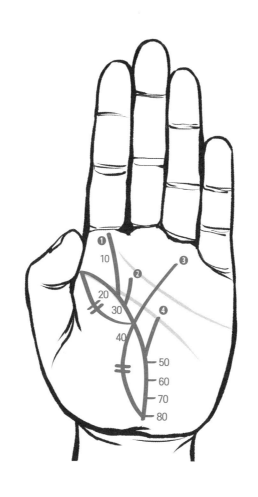

종합운

7. 운명선이 알려주는 개운기

이어서 두 번째 방법, 즉 운명선의 지선에서 표현되는 개운기를 관찰하는 방법을 소개한다.

연령 계산법은 그림과 같다. 즉, 손목에서부터 중지 부근 거리의 2분의 1이 되는 점이 30세, 지혜선과의 교차점이 35세, 감정선과의 교차점이 55세, 30세의 점과 손목 기점 사이 2분의 1 지점이 20세이다.태양선을 관찰할 때도 방법은 이와 똑같다. 그림을 살펴보라.

1) 20세와 30세 사이에 있다 __

대략 23세 가량의 위치에 뚜렷한 선 하나가 태양구로 향하고 있다. 이는 당신이 두 번째 사업을 향해 도전하며 그 사업이 순조로움을 암시한다. 또는 이 해에 결혼을 한다면 운수가 좋아짐을 암시한다.

2) 35살 때 __

태양구로 향하는 지선은 직위 변동이나 새로운 사업을 시작하는 행운을 얻게 된다. 미혼이라면 이 해에 결혼할 수 있다.

3) 55세의 점 __

목성구로 향하는 지선은 성공의 전조가 아주 뚜렷하다. 호평과 명성을 의미한다.

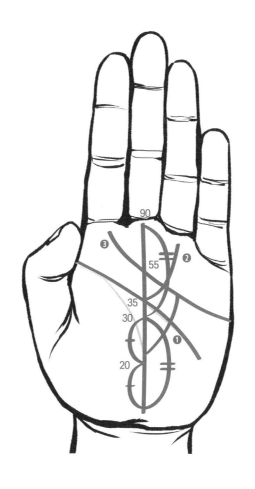

8. 여행 관련 운을 알려주는 손금

현재는 누구나 유쾌하게 해외여행을 할 수 있는 시대이다. 그러나 여행 도중에 사고나 불행을 당해 신문에 종종 실리기도 한다. 뜻밖에 닥치는 불행을 피하기 위하여 여행 전에는 반드시 손금을 살펴보라.

1) 작고 갈라진 여행선 —

생명선이 손목 근처에 와서 두 가닥으로 작게 갈라진 선을 여행선이라 한다. 이런 선이 나타나면 가까운 날에 해외여행을 하거나 출장 갈일이 생길 것이다. 이 때를 잘 이용하면 생활이 완전히 바뀔 수 있다.

2) 월구에서 출발한 가로선 —

월구에서 출발하여 손바닥 중앙을 향해 뻗은 가로선으로 역시 여행선의 일종이다. 가까운 날에 여행의 기회가 있음을 나타낸다.

만약 이 선이 손목을 향해 둥근 모양으로 뻗었다면 여행 중에 사고가 생긴다. 그러나 이 선에 네모꼴 무늬가 나타나면 도중에 재난이 생기지만 무사히 여행을 마칠 수 있다.

3) 섬 무늬가 있는 여행선 —

1)이나 2)의 여행선에 섬 무늬가 생겼으면 여행 도중에 어떤 시비에 휘말린다.

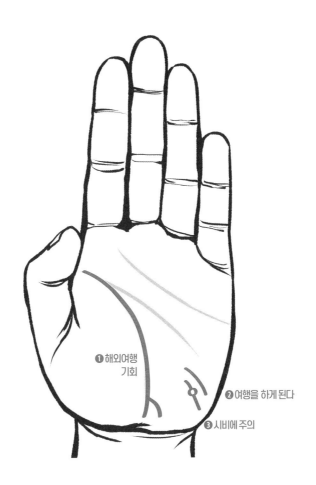

❶ 해외여행
   기회

❷ 여행을 하게 된다

❸ 시비에 주의

종합운

9. 해외 생활을 할 운

해외 여행을 이삼 주 동안 하는 것은 매우 유쾌한 일이지만 장기간 유학이나 출장을 가는 것은 그리 유쾌한 일이 아니다. 언어와 습관이 다른 나라에서 혼자 사업이나 공부를 하자면 큰 압박감을 이겨내야만 한다. 그러나 아래의 손금을 가진 사람이라면 아무 걱정하지 않아도 된다. 그 어떤 곳에서라도 굳세게 살아갈 수 있을 것이다.

1) 분지선이 매우 큰 여행선 __

생명선 전단(前端)이 커다랗게 두 가닥으로 갈라졌으면 장기여행을 나타낸다. 즉 유학, 해외 취직, 이민 등 적어도 한 달 이상 고향을 떠나게 된다. 유학이나 전직 때문에 속태우던 사람에게 이런 손금이 나타났다거나 섬 무늬등 이상한 상황이 없으면 여행을 떠나는 것도 좋다.

2) 생명선에서 월구로 뻗은 지선 __

모험심이 강렬한 행동파이다. 때문에 이런 손금을 가진 사람은 고향을 떠나 머나먼 타향에서도 독립적으로 생활할 수 있다. 그곳이 국내일 수도 있고 타국일 수도 있다. 만약 손금이 문란하지만 않으면 금의환향(錦衣還鄉)할 것이다.

3) 생명선 아래에 동일한 호형의 선 ―

이런 손금을 가진 사람은 두곳 이상의 생활 터전을 가지고 있어서 국내와 국외에서 동시에 활동할 수 있다.

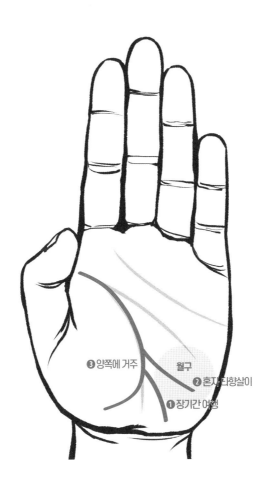

❸ 양쪽에 거주 　　　월구
　　　　　　　　　　❷ 혼자 타향살이
　　　　　　❶ 장기간 여행

종합운

10. 염력의 소유자 손금

언젠가 손을 대지 않은 채 쳐다보는 것만으로도 숟가락을 굽어지게 하는 초능력이 유행한 적이 있다. 이처럼 신비한 초능력은 시간과 장소를 불문하고 항상 주목을 받기 마련이다.

아마도 우리의 눈에 보이지 않는 신비로운 힘이 세인의 흥미를 불러일으키는 모양이다. 여러분도 자신에게 그런 신비한 힘이나 염력이 없는지 알고 싶을 것이다. 만약 아래와 같은 손금이 있으면 당신도 어떤 신비스런 힘을 갖고 있음을 나타내는 것이다.

1) 감정선과 지혜선을 이은 가로선이 운명선과 만나 十자를 이룰 때 ___

이런 손금을 '신비한 십자문'이라고 한다. 이런 손금을 가진 사람은 마음이 경건하고 신비한 힘을 갖고 있으며 또 매우 좋은 운수, 즉 사고를 당하더라도 혼자 재화를 피하는 힘을 갖고 있다. 그것은 평상시에 마음이 경건히 가졌던 결과이며 조상의 은덕과 보살핌을 받은 행운아인 것이다.

2) 엄지손가락 첫번째 관절에 눈 모양의 선이 있을 때 ___

이런 손금을 '불안(佛眼)'이라고 한다. 예로부터 이런 손금을 가진 사람은 영감이나 신비한 힘이 있다고 생각했다. 이런 사람과 맞섰을 때 그는 당신의 모든 것을 꿰뚫어 볼 수 있으므로 주의해야 한다.

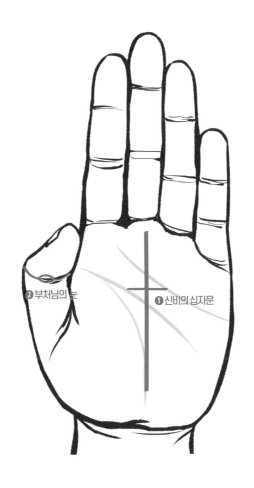

❷부처님의 눈　❶신비의 십자문

종합운

11) 손에 표현되는 기타 상징

손금에는 기본선 이외에도 많은 상징이 있다. 이미 살펴본 기본선 외에 아래에 열거하는 일곱 가지 상징도 그 사람의 독특한 성격을 보여준다.

1) 격자 무늬 __

주로 금성구에 나타나서 감정이 풍부함을 나타낸다. 만약 금성구 이외의 부위에 생겼다면 그 부위가 나타내는 운수를 약화시킨다.

2) 별 무늬 __

대길할 운수로 그림은 행복한 결혼을 나타낸다.

3) 지선 __

운수가 매우 광범위함을 암시한다. 부업으로 성공한다. 또는 가정을 꾸려 이전보다 더 큰 실력을 갖게 된다.

4) 섬 무늬 __

선에 섬 무늬가 생기면 그 선의 역량을 약화시킨다.
그림에 있는 섬 무늬는 대단히 큰 것으로 중병에 걸릴 위험이 있다.

5) 신비한 十자 __

불가사의한 십자라고도 부른다. 흉조는 아니다. 그림의 신비한 십자는 음덕 있는 가족의 손에 의해 생긴다.

6) 이중선 —

기본선 곁에 생기는 곁선인데 기본선이 나타내는 운수를 강화해 준다.

7) 쇠사슬 무늬 —

그 선이 나타내는 의미를 약화시킨다. 감정선에 생긴 곁선은 온유함을 나타낸다.

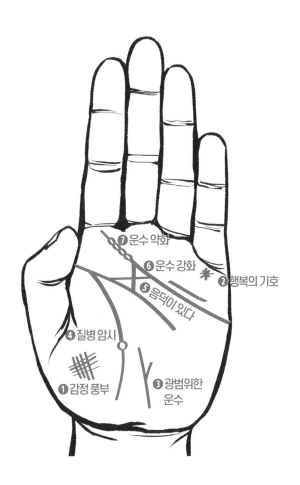

觀相手相
봄니다